全彩版

少年爱读的中国史

宋元明清卷

何殇 著

明朝

河北出版传媒集团
河北人民出版社
石家庄

图书在版编目（CIP）数据

少年爱读的中国史. 宋元明清卷. 3, 明朝 / 何殇著
. -- 石家庄：河北人民出版社，2023.8
　ISBN 978-7-202-16447-1

Ⅰ. ①少… Ⅱ. ①何… Ⅲ. ①中国历史－明代－少年读物 Ⅳ. ①K209

中国国家版本馆CIP数据核字（2023）第147356号

目录

1 朱元璋的崛起 | 002

2 坐拥天下，独揽皇权 | 007

3 靖难之役 | 012

4 永乐大帝 | 017

5 郑和下西洋 | 022

6 长城与故宫 | 027

7 仁宣之治 | 031

8 土木堡之变 | 036

9 中流砥柱于谦 | 040

10 痴情父子皇帝 | 045

11 玩世不恭明武宗	049
12 圣人王阳明	054
13 修道皇帝嘉靖	059
14 耿直"海笔架"	064
15 戚继光抗倭	069
16 首辅张居正	073
17 怠政皇帝万历	078
18 一代权阉魏忠贤	082
19 明末农民起义	087
20 崇祯与袁崇焕	091
21 明朝的文学艺术	095

明朝（公元1368—1644年）存在了二百七十六年，历经十二世、十六位皇帝。公元1368年，朱元璋扫灭元末农民起义群雄势力后，在应天府（今南京市）登基，国号大明。公元1421年，明成祖朱棣迁都至顺天府（今北京市），应天府改为南京。

　　明朝初期，经过明成祖朱元璋的休养生息，国力得到迅速恢复，史称洪武之治。到了明成祖朱棣时期，开疆拓土，又派遣郑和七下西洋，国力达到顶峰，史称永乐盛世。明英宗时期，经过土木堡之变，国力由盛转衰。晚明由于政治腐败、东林党争和天灾外患等因素，导致国力衰退，并爆发了农民起义。公元1644年，李自成攻入北京，崇祯帝自缢而亡，明朝灭亡。

1 朱元璋的崛起

如果问中国历史上哪个开国皇帝的故事最传奇？恐怕要数朱元璋了。明朝的这个开国皇帝是实打实的贫苦农民出身，不仅当过和尚，还参加过起义军。

朱元璋出生于公元1328年，濠州（今安徽省凤阳县）人。他在家族兄弟中排行第八，所以名字叫朱重八。为什么我们现在叫他朱元璋？那是因为他投奔起义军后改了名字。

朱元璋十五岁那年，淮北地区发生了严重的旱灾，紧接着又发生蝗灾和瘟疫，不到半个月，朱元璋的父亲、母亲和大哥都死了，朱元璋连买棺材的钱和埋葬亲人的土地都没有，幸好有邻居帮忙，家人才得以安葬。

眼看日子过不下去了，朱元璋就去皇觉寺当了和尚。但当地闹饥荒，寺里得不到施舍，也没有粮食，住持只好打发和尚们云游化缘，实际上和四处乞讨无异。朱元璋做了游方僧，带着木鱼和钵开始了到处要饭的流浪生活。他用三年的时间走遍了淮西、豫南一带，转了一大圈又回到皇觉寺。

这三年，朱元璋阅人无数，见了世面，积累了丰富的社会生活经验。也正是这三年，元末起义风起云涌，社会上流传着"明王出世，普度众生"的说法。

公元1351年，韩山童、刘福通揭竿而起，韩山童被推举为"明王"，起义队伍号称"红巾军"。百姓们对"明王出世"信以为真，各地纷纷响应。定远县的富户郭子兴也打着明王、红巾军的旗号起兵，数万百姓群起响应。

重新回到皇觉寺的朱元璋收到儿时伙伴汤和的来信，邀请他参加郭子

兴的起义军。朱元璋本来还在犹豫，一个好心的师兄悄悄告诉他，说有人知道了此事，打算向朝廷告密。无奈之下，朱元璋只得动身投奔郭子兴。这一年，朱元璋二十五岁。

入伍后，朱元璋作战勇敢，机智灵巧，得到了郭子兴的赏识。郭子兴有一个养女姓马，是至交的女儿，郭子兴便把马姑娘嫁给朱元璋，朱元璋因此成了郭子兴的养女婿（或者叫养子），这时的他给自己起了个正式的名字叫朱元璋。

后来，郭子兴因病去世，朱元璋当之无愧成了这支红巾军的领袖。虽然在小明王韩林儿（韩山童之子）那里他只是左副元帅，但是明王的军队大部分是朱元璋招募、收编的，朱元璋才是红巾军实际意义上的统帅。

朱元璋是个善于听从建议的人。南下滁州时，李善长劝说朱元璋效法刘邦知人善任，他点头认可；在浙西，谋士朱升提出"高筑墙，广积粮，缓称王"，他也心领神会，而这三条战略最后成为朱元璋初期发展的指导思想；后来谋臣刘伯温向朱元璋提出避免两线作战，朱元璋也完全采纳。

为什么一定要避免两线作战呢？因为朱元璋以应天（今江苏省南京市）为根据地，四周群雄环绕。长江上游有陈友谅，下游有张士诚，东南有方国珍，只有北面是小明王。西面的陈友谅与东面的张士诚相约夹击朱元璋，刘伯温认为应该先打陈友谅，因为张士诚犹豫不定，立场不稳。朱元璋认为刘伯温分析有理，与陈友谅在鄱阳湖展开了水战。

这一战，陈友谅的船虽然高大但行驶缓慢，朱元璋发挥小船灵活的长处，对陈友谅的大船进行火攻。陈友谅大败，被乱箭射死，朱元璋以少胜多。紧接着朱元璋与下游的张士诚展开平江之战。朱元璋筑墙围城，并造有三层的木塔楼，高过张士诚的城墙，十分利于弓弩、火铳的射击，还设置了襄阳炮日夜轰击。张士诚死守平江，最终弹尽粮绝。朱元璋攻入平江城内，张士诚与其展开巷战失败被俘，最后自缢而死。

在平江之战的过程中，小明王发生了意外，渡江沉底，之后，朱元璋独立称王。消灭上下游陈友谅、张士诚两大强敌后，朱元璋基本称霸中国的南方，统一不过就是时间问题。公元1368年正月初四，朱元璋在南京称帝，国号大明，年号洪武，所以1368年又称洪武元年。明朝皇帝基本一生只有一个年号，如果有人说洪武年间，大抵指的是明太祖朱元璋当皇帝的时候。

当时，中国的北方地区尚在元朝手中。朱元璋在称帝前一年便派徐达、常遇春率军二十五万北进中原。由于此时的元朝廷已经太过腐朽，徐达、常遇春根本没有遇到陈友谅、张士诚那样的强敌。他们迅速进军到了元大都。元顺帝见势不妙，带着后妃、皇太子从居庸关出逃，后来成立了"北元"。明朝取得了长城以内地区的统治权，丢失四百年的幽云十六州也终于回到了汉人的怀抱。

庐山高图（局部） 沈周绘
现藏台北故宫博物院

历史加油站

大脚马皇后

　　宋朝以后，社会普遍认为小脚的女人才是美的，那时十分流行缠足。而朱元璋的马皇后出身平民，并没有条件缠足，因为缠足后不能干重活，所以马皇后的脚是自然生长的，她也被戏称为"大脚马皇后"。其实她的脚也并没有太大，所谓的"大脚"是出身寒微的代名词。马皇后是个贤内助，辅助朱元璋建立了大明王朝，她给朱元璋生了五个儿子。朱元璋性格暴躁，经常降罪于人，但经过马皇后劝阻使很多人免于刑罚，因此为国家保留了很多人才。马皇后去世，朱元璋伤心至极，从此再没有立过皇后。

② 坐拥天下，独揽皇权

如何建立一个国家，对于出身贫民的朱元璋来说，是很大的难题。但是朱元璋这个人特别擅长学习和思考。

明初时期，朱元璋借鉴元朝的制度，在中央设立中书省，由左右丞相统辖六部，管理全国行政事务。比如替朱元璋打下大半江山的徐达就做过中书右丞相，给朱元璋出谋划策的李善长也做过中书左丞相。但要论丞相中最有名的，莫过于胡惟庸。也正是因为胡惟庸，朱元璋最终决定废除丞相制度，这真是千古未有的。

胡惟庸是李善长的姻亲，被李善长推荐担任右丞相后，与左丞相李善长共同执掌朝政。胡惟庸当丞相的七年时间里，遍植朋党，不遗余力地打击异己。曾为朱元璋立过汗马功劳的刘伯温（名刘基，字伯温），因为与胡惟庸有矛盾，一直未受重用，仅在御史台任御史中丞兼太史令。虽然后来也封了诚意伯的爵位，但一年俸禄仅有二百四十石，与胡惟庸的姻亲韩国公李善长四千石的俸禄有着天壤之别。即便这样，刘伯温依然遭到胡惟庸的嫉恨和打压。

深感官场纷扰难以容身的刘伯温借口妻子病故，向朱元璋请假回乡。后来刘伯温生了重病，胡惟庸派了一个医生前去看望，刘伯温服用了医生给的药方，没过多久就死了。许多人猜测，是胡惟庸毒死了他。

仅仅是排除异己，还不足以让朱元璋狠下心来杀了他。让朱元璋动杀心的是胡惟庸为人独断专行，甚至涉及生杀予夺的大事，胡惟庸也不向朱元璋请示，而是擅自处理。这让权力掌控欲极强的朱元璋受到威胁，使他感到皇权旁落。

占城国（今越南）来朝贡，胡惟庸没有告诉朱元璋。朱元璋大怒，中书省和礼部互相推诿，胡惟庸被人举报，经过彻查，朱元璋得知是胡惟庸阻挠进贡。朱元璋下了杀心，以谋反罪判处胡惟庸死刑，这就是历史上赫赫有名的"胡惟庸案"。此案一出，竟牵连了上万人。不久，朱元璋就废除中书省和丞相，将其权力收回，由自己一人处理国家大事。

可以想见，作为皇帝的朱元璋兼了丞相的职责后，日子更忙碌了。分身乏术的朱元璋于是设立了殿阁大学士来做顾问。不过令朱元璋意料不到的是，殿阁大学士在明朝后来的发展中演变成了内阁，而内阁大学士也渐渐拥有了类似丞相的权力。原因很简单，不是所有的皇帝都有朱元璋那么强的权力掌控欲，不是所有的朱家子嗣都愿意事必躬亲。比如，嘉靖皇帝和万历皇帝就长达二十多年不上朝。

　　不过，朱元璋的精力十分旺盛，他仅仅把殿阁大学士当顾问，国家大事还是亲力亲为的。

　　在惩治贪腐上，朱元璋下了大力气。朱元璋是贫农出身，从小饱尝民间疾苦，知道元朝的灭亡原因之一就是官员贪污腐败。所以明王

朝建立后，朱元璋对官员贪腐的问题完全不能容忍。胡惟庸案就惩治了很多贪腐官员，其他案件如果涉及皇亲国戚也一概不放过。

比如朱元璋的女婿欧阳伦，知法犯法，腐败到了极致，朱元璋得知后以极其血腥的方式处死了欧阳伦。要知道这个欧阳伦娶的可是朱元璋和马皇后唯一的女儿——安庆公主。那可是朱元璋最疼爱的女儿，由此可见朱元璋有多么痛恨贪腐。

对于功臣犯法，朱元璋也是毫不手软。除了防止部分功臣贪污腐败，朱元璋考虑更多的是防止他们日后造反，好给子孙留一个更容易掌控的局面。刘伯温被胡惟庸害死，多少有着朱元璋的默许。而开国功臣徐达主动请求退休回乡，则让朱元璋放心不少。和胡惟庸案一样影响巨大的"蓝玉案"，矛头直指镇北大将蓝玉将军。蓝玉最终被杀，北元残部获得了喘息之机，导致北边蒙古的边患始终没能得到解决，甚至后来出现了明英宗被蒙古俘虏的事件。

不过，如此优秀的朱元璋，也有伤心难过的事。大明的事业虽然蒸蒸日上，帝国的继承人却出了问题——太子朱标先于自己而死，次子朱樉（shǎng）又作恶多端，虽然朱元璋还有四子朱棣（dì）这样能征善战的儿子，但朱棣最像自己，脾气过于暴躁。朱元璋犹豫再三，还是决定把皇位传给孙子辈，朱标的儿子——朱允炆。

谁也没想到，朱元璋的这一决定，在他死后引发了明朝的一场大动荡。

明成化斗彩鸡缸杯
现藏台北故宫博物院

🫐 历史加油站

明初九大塞王

打江山的时候，朱元璋重用徐达、蓝玉等悍将让他们负责征战。建立大明之后，朱元璋不相信功臣，更相信自己的儿子，他将自己的诸子封到全国各地，以保护大明江山。并令他们戍边御民、屯田练兵，将来子孙绵延，永远成为中央的屏障。其中，最有名的是九塞王，即秦王朱樉、晋王朱㭎、燕王朱棣、代王朱桂、肃王朱楧、辽王朱植、庆王朱㭎、宁王朱权、谷王朱橞，塞王们统辖着长城防线，替朝廷戍守边疆。

3 靖难之役

公元1398年，七十岁的朱元璋驾崩于南京皇宫，他的孙子朱允炆即位，是为建文帝。孙子辈的朱允炆当了皇帝，叔叔们自然是不服，于是大侄子朱允炆同叔叔们不可避免地展开了一场激烈的皇权斗争。

其实，在中国历史上，敢于同皇帝争权夺利的王爷并不多，因为王爷们顶多算地方诸侯，实力有限。那明朝的王爷们为什么敢同皇帝作对呢？这是朱元璋在明初的布局造成的。朱元璋一方面大杀功臣，一方面把自己的儿子们封到各地，比如封在西安的秦王朱樉、封在北平的燕王朱棣。

朱元璋理所当然地认为，让自己的儿子掌握军政大权，就可以保证明朝江山不会被功臣或其他什么人颠覆，封在各地的王爷们自然会保护远在南京的朱家皇帝。但是朱元璋没有想到，这些王爷们本身也是皇帝的威胁，至少第二代皇帝朱允炆是这么认为的。

其实，朱允炆没当皇帝时就很担心叔叔们拥兵自重，等到他登上帝位，便开始重用大臣齐泰、黄子澄着手削藩。齐泰认为应该先削实力最强的燕王朱棣，而黄子澄认为周、齐、湘、代、岷几王在洪武时期已有不法行为，比较好找理由。朱允炆采纳了黄子澄的建议，但事后证明这一决策是有问题的。

初期的削藩很有效，几位亲王或被贬为庶人，或被流放，或自焚而死。朱允炆的一系列操作，让包括燕王朱棣在内的诸王惴惴不安，但也给朱棣造反留足了时间。

尽管朱允炆为了防备朱棣，也安排了都督宋忠、徐凯等人驻扎在北平周围的开平、临清、山海关，对朱棣形成包围之势。

但是机智的朱棣却悄悄获取了北平地区的军政大权，而且对于起兵反抗早已是蓄谋已久。

公元1399年七月，朱棣起兵反抗中央朝廷，名义是"清君侧，靖国难"。"清君侧"是指清除建文帝朱允炆身边的齐泰、黄子澄，"靖难"是指平定祸乱，所以这场旷日持久的战争史称"靖难之役"。但"靖难"只是燕王朱棣一方的说法，从建文帝朱允炆的角度看，这就是一场藩王叛乱。

无论从道义上，还是实力上，建文帝朱允炆都具有绝对的优势——燕王朱棣只有十万人，而每次战役，朝廷军队的人数都是燕王军队的数倍。

燕王军队一路南下，接连攻陷了许多城池。而朝中能征善战的将领几乎被朱元璋杀得一干二净，无人能带兵抵抗朱棣的进攻。无奈之下，开国老将耿炳文再次披挂上阵。耿炳文年逾古稀，且不擅长野战和指挥大兵团作战。八月，部队进入真定（今河北省正定县），在滹沱河南北两岸分营扎寨。不料却遭到燕王朱棣突袭，援军也遭到伏击，耿炳文只得率主力军守在真定城，打起他擅长的守城战，燕王朱棣攻城三日不克，选择撤兵。

这时，建文帝朱允炆听从黄子澄的一面之词，让纨绔子弟李景隆取代耿炳文。这临阵换将犯下大忌，导致朝廷军队屡战屡败。李景隆退到济南，前后损失数十万人马，朝廷一方岌岌可危。

济南和南京在一线，如果济南被攻破，南京就危险了。燕王朱棣本以为可以轻易攻下济南城，但山东参政铁铉和参将盛庸誓死守卫城池，让燕王朱棣头痛不已。朱棣架云梯攻城，铁铉一边撑竿使云梯不能靠近，另一边用火箭焚烧云梯；燕王朱棣想引水灌城，铁铉假装投降，燕王朱棣差点中了铁铉的计谋。济南攻守有方，一连三个月，燕军都无法攻破，只好撤退。铁铉和盛庸借势出击，很快收复了德州，双方似乎又回到了平衡局面。

正在燕王朱棣愁眉不展的时候，有个对建文帝朱允炆不满的太监送来情报，说南京缺乏守兵，燕王朱棣觉得这是个十分重要的情报，于是立即率军绕过山东，从安徽直指南京。山东防守严密，但后方却十分空虚，建文帝朱允炆见势不妙，想要向他的这位皇叔割地求和。但燕王朱棣不领情，一口回绝，继续南下。没多久，燕王朱棣便攻入了南京。

靖难之役的结局是戏剧性的，双方本来僵持不下，朝廷却因为一条情报而崩盘。南京被攻下后，建文帝朱允炆不知所终，直到现在都是一个谜。于是朱棣做了新的皇帝，国号仍是大明，是为明成祖。

[明]青花人物纹如意耳扁壶
现藏台北故宫博物院

🟢 历史加油站

建文帝的下落

朱棣攻陷南京，建文帝下落不明。关于建文帝的结局，历来存在着不同的说法：正史说建文帝在城破的时候就自焚而死了。但更多人相信他是出逃了。具体逃到哪里了，也有很多种说法。有人认为他出家为僧，有人认为他出家为道，还有人认为他漂泊到了东南亚，所以才有了朱棣派遣郑和下西洋寻找建文帝的后续。建文帝到底去了哪里？有待后人继续发现。

4 永乐大帝

明成祖朱棣的年号为"永乐",所以,他也被世人称为永乐大帝。

朱棣推翻了侄子建文帝朱允炆的统治,那他是不是个坏皇帝呢?他可能不是个好臣子,但要说他是个坏皇帝,也是不对的。是好皇帝还是坏皇帝,关键还是要看他个人对这个国家和百姓怎么样。

从朱棣对历史、对国家的贡献看,他还真是一个十分出色的皇帝。

朱棣积极治水,不仅疏通了京杭大运河,而且招抚流民,让老百姓迁徙到人少地多的地方。治水和迁民都有利于农业生产,老百姓有了地可以耕种,生活也就安稳了,政府的税收也就多了。可以说在朱棣做皇帝的时候,国家的税收达到明朝的一个巅峰。

对于藩王,朱棣继续建文帝朱允炆时期的削藩政策,虽然没有建文帝朱允炆的手段那么激进,但一步步削掉了藩王们的军权。很多守备边疆、拥有大把军权的藩王被迁往内地，比如辽王朱植从河北迁到荆州。而朱棣自己则亲自守国门、守边疆，他把国都从南京迁往北平，巩固长城，防患明朝最大的边患——蒙古的瓦剌、鞑靼。藩王权力被削，就对中央不再有威胁，社会也更加稳定了。

在对外政策上，朱棣前后五次亲征蒙古。蒙古分为鞑靼、瓦剌部后，虽然实力不及元朝时期，但威胁仍然存在。朱棣第二次亲征，对手是瓦剌的马哈木，马哈木派蒙古铁骑冲下山坡迎战，朱棣下令用密集的"神机铳炮"回击，蒙古骑兵只好撤退。这种"神机铳炮"是一种强大的火器，可见明朝在军事科技上已经稳压蒙古一头。最终马哈木派遣使者向明朝谢罪，恢复了瓦剌对明朝的朝贡关系。除了蒙古，朱棣也积极应对其他地区的边患，保证了明朝边防的稳定。

明成祖真像

朱棣改变了靖难之役内战的局面，对内只做了适当的调整，把枪口对外。朱元璋废除了丞相制度，皇帝直接领导六部，事无巨细，亲自处理。朱棣认为这对皇帝的能力和精力要求太高，所以他创立了内阁制,让有能力的文臣入阁,辅助自己制定大政方针和决策。"兼听则明,偏信则暗",个人的决策总会有偏差,有了内阁文臣的建议,皇帝做起来也就不那么辛苦了,完全可以借用"外脑"来处理一些繁难的事情。

　　朱棣在位期间,还做了一件对明朝甚至对今天都很有价值的事情,那就是他先后让翰林侍读学士解缙、

姚广孝主持编纂《永乐大典》。这部书广采天下书籍，经史子集、天文地理、阴阳艺学、僧道技艺等，无所不包。

当然，朱棣也不是完美的君王，他是一个十分复杂的人。对于建文帝朱允炆时期的大臣，尤其是反对他的人，他给予了无情的打击。鸿儒方孝孺誓死效忠建文帝，朱棣不仅处死了他，还下令"诛十族"。

"诛九族"是中国古代的重刑，九族有多种说法，一种指的是父四族、母三族、妻二族，基本上是把和自己有关系的人全都赶尽杀绝了。而朱棣在惩罚方孝孺的时候，在传统的诛九族的基础上加上一族——门生、朋友。改为诛十族，手段是非常残忍的。

为了增加耳目，朱棣不仅恢复了朱元璋时代的特务机构锦衣卫，还设立了东厂。宦官进入东厂，锦衣卫和东厂使天下臣民惶恐不安。更严重的是，宦官势力因此抬头，宦官制度中的司礼监成了明朝太监专权的温床。后世的几位大太监都借助司礼监、东厂等机构把持朝政。

《永乐大典》残卷 现藏美国亨廷顿图书馆

🟢 历史加油站

《永乐大典》

《永乐大典》是明朝永乐年间编纂的一部集中国古代典籍于大成的类书。初名《文献大成》，后来明成祖朱棣亲自撰写序言并赐名《永乐大典》。《永乐大典》的最大贡献在于保存了我国明初以前各种学科的大量文献资料，全书汇集了古今图书七八千种。《永乐大典》在永乐年间纂修完成后，只抄录了一部，叫作"永乐正本"；到嘉靖朝，怕大典有损，又重录了一部，称为"嘉靖副本"。正本最终下落不明，而副本也惨遭浩劫，大多毁于火灾和战乱，存世的卷本寥寥无几。

5 郑和下西洋

明朝的第二任皇帝——建文帝朱允炆活不见人、死不见尸，新皇帝朱棣怀疑朱允炆逃到了海外，于是派亲信郑和、王景弘率领舰队南下西洋，寻找建文帝的下落，这就是"郑和下西洋"。

郑和是云南人，早在朱棣做燕王的时候就以宦官的身份做燕王的手下，因为靖难之役有功，被朱棣赐姓郑，升迁为内官监太监，人称三保太监（又作"三宝太监"）。朱棣让郑和代表自己下西洋，表面上是宣扬国威，向外国展示大明王朝的实力，但更主要的是为了寻找建文帝朱允炆。

郑和出海这一天，那可真是盛况空前，六十多艘大船同时出发，其中最大的宝船长四十四丈四尺、宽十八丈，载重量八百吨，简直是个移动的军事堡垒。这种当时世界上最大的船可容纳一千多人，船上配备有航海图、罗盘针，以及全套最先进的航海设备。此外，船上还有庞大的使者团以及军事、航海方面的专家。

郑和下西洋的船队中，除了宝船，还有马船、粮船、坐船和战船，分工细致，保障齐全。

他们首先到达今越南南部，然后游历东南亚各国。每到一个国家，就向这个国家宣扬大明天子的诏书，建立朝贡关系，

如果该国不服，就用武力使其屈服。三佛齐国（今属印度尼西亚苏门答腊岛巨港）大将陈祖义，平时干着劫掠商旅的勾当，郑和派使者去招降，结果陈祖义诈降，郑和只得派军队镇压，不仅抓住了陈祖义，还剿灭了这一地区的海盗。

从公元 1405 年到公元 1433 年，郑和前后七次下西洋，远航西太平洋和印度洋，足迹遍及东南亚、印度、阿拉伯半岛甚至非洲，到达三十多个国家。郑和的航行比哥伦布、达·伽马早了将近一百年，比麦哲伦早了一百一十多年。

当时明朝在航海技术、船队规模、航程距离、持续时间都领先于西方，创造了世界航海史的奇迹。比如在导航方面，郑和的船队白天用指南针导航，夜间则用观看星斗和水罗盘定向的方法保持行驶方向。

那么，郑和下西洋是否达到了明成祖朱棣宣扬国威的作用呢？确实达到了。郑和下西洋后，明朝重新成为东亚—东南亚的国际中心。郑和下西洋的目的不是掠夺，朝廷得来的东西也主要是奢侈品和稀有动物，比如狮子、金钱豹、长颈鹿、骆驼和各国的宝物。特别是长颈鹿，这可是中华大地上从未见过的动物。我们的传统文化中向来有"麒麟"的说法，但谁也没有见过"麒麟"到底什么样。永乐十三年（公元 1415 年），麻林国使者向大明进献了长颈鹿，当时人们认为这就是传说中的"麒麟"。明成祖很高兴，认为长颈鹿是瑞兽，亲自撰文，立

"天妃宫碑",感谢天妃妈祖的庇佑。今天如果到南京市鼓楼区的静海寺,还能看到这块碑。

但是郑和的远航也消耗了许多国力。当时很多大臣认为远航行动只是单方面炫耀国力,没有获得什么实际好处。所以明成祖朱棣一死,继任的明仁宗朱高炽便暂停了这一活动,他让郑和带领随行军队到南京留守,下西洋的活动也告一段落。

明仁宗只做了不到一年的皇帝,随后即位的明宣宗认为周边各国尤其是东南亚国家好久没有来朝贡了,于是又派遣郑和下了一次西洋。这是郑和最后一次下西洋,据说,他带领的船队最远到达非洲南端,接近莫桑比克海峡,随行人员仍有两万七千多人。之后,由于帝国对外政策的重心开始转向北边,下西洋的事情也就停止了。

今天总有人把郑和下西洋和西方人的远航做比较,认为哥伦布、达·伽马、麦哲伦的航行是一种殖民主义行为。相比之下,郑和下西洋不是为了抢劫,不是为了抢占别人的土地,而是一种文化自信,彰显了一种大国气象。郑和下西洋达到了明成祖宣扬国威的目的,是值得肯定的。

五彩鱼藻纹盖罐
现藏故宫博物院

🍶 历史加油站

明朝的航海技术

郑和先后远洋七次，都遭遇了狂风巨浪，仍然能够安然返回，可见当时明朝的航海技术已经相当发达。当时使用的仪器和掌握的先进技术，包括航海罗盘、计程仪、测探器、牵星板、针路记载、航海图绘制等。在利用风力航行的时代，船舶动力也是我国古代船舶技术高度发展的标志之一，郑和宝船在动力推进系统——桅帆和桨橹这两个重要环节采用了独特的设计，可适应海上风云突变的情况，航行灵活。

6 长城与故宫

今天人们去北京旅游,一定不会错过故宫和长城这两处景点。现如今,故宫和长城代表着北京,甚至代表着中国。

故宫是谁建的呢?人们可能说不出建筑师的名字,但下令修建故宫的人就是明成祖朱棣。朱棣是朱元璋的四子,以燕王的身份驻守在北平。而明初朱元璋、朱允炆时期的首都并不在北平,而是在南京。朱棣时期将首都从南京迁往北平,并在登基第二年将北平正式更名为北京。

为什么要迁到北京?迁都的原因有很多,一是朱棣在北京住习惯了,北京是朱棣当王爷时的封地,历史背景深厚。二是考虑到当时明朝最大的边患来自北元,"天子守国门"相比藩王,朱棣更愿意相信自己有能力守住边疆。最后,从政治和军事角度上来说,北京的地理位置处于游牧经济向农耕经济的过渡地带,非常适合作为抵抗游牧民族的保障,同时也能满足朱棣向北方扩张帝国版图的前进基地的要求。

朱棣下令重修北京城时,首先是从故宫开始。明清时期的

北京,是由宫城、皇城、内城、外城几部分构成,故宫其实就是宫城,是"套娃"里最小的部分。但今天也只有故宫被完整保留下来,这座故宫不仅在明朝时期使用,到了清朝也只是小修小补,继续沿用着。

中国历代的珍宝至今很多都保留在故宫中,故宫"前朝后寝",以及以三大殿——太和殿、中和殿、保和殿为中轴的布局,让来到这里的中外游客无不叹服!北京故宫于明成祖永乐四年(公元1406年)开始建设,到永乐十八年(公元1420年)建成,成为明清两朝二十四位皇帝的皇宫。

但是,长城并不是明成祖时期开始修建的,早在明太祖朱元璋时期，长城就随着对北元战争的不断胜利而向北推进。明成祖迁都北京后，不断将长城进行修缮，长城才变成我们今天看到的样子。"天子守国门"的明成祖勇气可嘉，长城作为一道军事防御建筑，其存在的价值和意义也是毋庸置疑的。

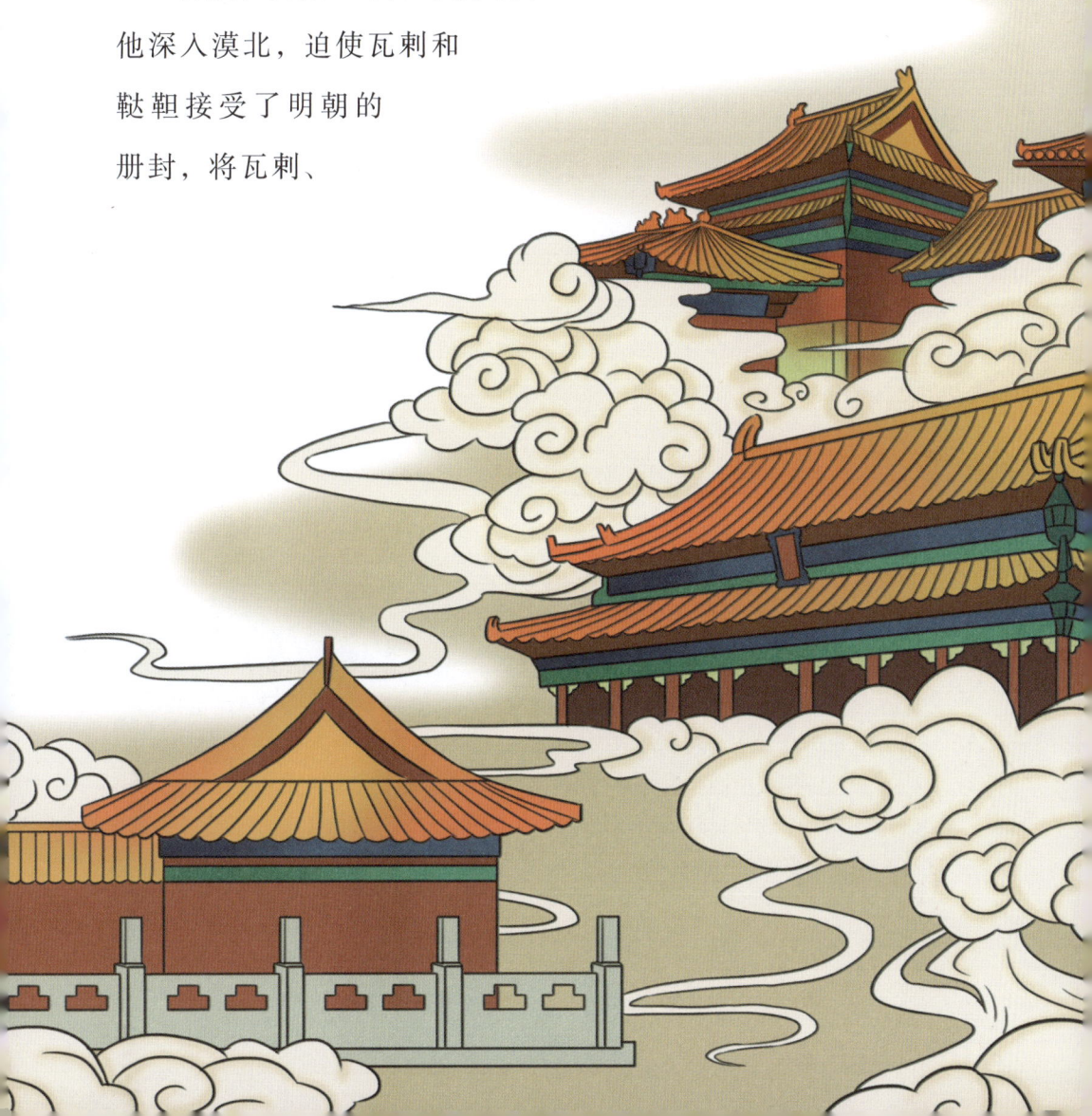

明成祖先后五次北伐蒙古。他深入漠北，迫使瓦剌和鞑靼接受了明朝的册封，将瓦剌、

鞑靼纳入明朝的朝贡贸易体系。明朝的北部防线推进到大兴安岭、阴山、贺兰山以西以北一带。朱元璋、朱棣在北魏、北齐、隋长城的基础上不断将长城修补完善，用来巩固战争的成果。

从更大范围讲，长城、北京外城墙、内城墙、皇城墙、故宫宫墙实际上形成了好几重的防御体系，长城和故宫实际上都是保护皇权的一体化建筑。朱棣当了二十二年的皇帝，但真正住在北京故宫仅仅五年，真是为明朝江山的稳固操碎了心。

可以说，朱棣开拓了一个繁荣灿烂的时代，在他统治时期，无论是修筑长城还是疏通运河，无论是下西洋还是北伐蒙古，他的功绩无愧于"永乐大帝"的赞誉。

历史加油站

明长城

明朝是我国历史上最后一个修筑长城的王朝。自洪武元年（公元1368年）修筑居庸关起，到16世纪末，共修成人工墙体全长六千二百五十九点六公里的长城。时至今日，各地尚存完整的都是明长城。明长城西起嘉峪关，蜿蜒至鸭绿江，其工程量之大远超历史上任何一个朝代。若将明长城所用的砖石和土方连起来，修筑一条宽一米、高五米的城墙，可绕地球一周有余。

7 仁宣之治

明成祖朱棣在第五次北伐蒙古的归途中驾崩了，左右亲信大臣为了稳定军心，决定秘而不发，将皇帝驾崩的消息隐瞒下来，他们一边每日往朱棣的营帐里送食物营造出皇帝还活着的假象，一边赶回京城辅佐太子朱高炽即位。永乐二十二年九月七日，朱高炽登基称帝，定年号为"洪熙"，是为明仁宗。

明仁宗朱高炽体态肥胖，行动不便，为什么他能被立为太子？原因有这么几个：

朱高炽是朱棣的长子。中国古代皇帝继承制度基本上是嫡长子继承制。朱高炽虽然胖，却是妥妥的嫡长子。另外，朱高炽在"靖难之役"中功勋卓著，正是由于他对北平的坚守，朱棣才能最终击败李景隆，夺取了天下。

朱棣的孙子很多，但最喜欢的却是朱高炽的儿子朱瞻基，他经常带着朱瞻基南征北战，而且亲口对朱高炽说过："以后朱瞻基就是太平天子。"或许是朱高炽沾了儿子朱瞻基的光吧，朱棣想让孙子朱瞻基将来成为天子，就不得不让朱高炽先做个太子。

实际上，朱高炽当了皇帝后，仅一年就驾崩了，但他在位期间施行仁政，一改朱元璋、朱棣时期那种特别严苛的统治策略，所以当他死后，庙号被定为"仁"字，历史上被称作明仁宗。

朱高炽死后，朱瞻基顺利即皇帝位，后来被称为明宣宗。

当了皇帝后，朱瞻基面临的最大难题是叔叔朱高煦的叛乱。朱高煦是朱高炽的弟弟，他曾跟随父亲朱棣南征北战，也立下过汗马功劳。当年，朱高炽被封为太子，而他只做了一个汉王，封地在云南。

朱高煦对此非常不满，大声嚷嚷道："我有什么罪，要把我赶到那么远的地方？"朱棣听了这番话后非常生气，幸亏太子朱高炽宅心仁厚，劝说父亲不要动怒，朱棣才允许朱高煦留在京城。

之后，朱高煦多次挑衅，做下了一系列违法事情，朱棣非常生气，准备将他废为庶人。太子朱高炽念及兄弟之情极力求情。朱棣心软，只是诛杀了朱高煦几个亲信，然后将朱高煦封到乐安州（今山东省惠民县）。

朱瞻基登基后，朱高煦不满只做一个王爷，想仿照他的父亲朱棣推翻侄子朱瞻基的帝位。新皇帝朱瞻基并没有立刻派兵征讨朱高煦，而是写了一封信，劝他罢兵。但是朱高煦却拒绝投降。不过，此刻的朱瞻基却站在了道德的制高点上，局面一下就对他有利了。

刚即位不久的朱瞻基此刻豪情满怀，面对叔叔的拒绝，决定御驾亲征。此举极大地鼓舞了士气，稳定了民心，缓和了局势。随后，朱瞻基迅速安排好亲信大臣留守京城，自己亲率大军从北京出发，讨伐逆贼。

没过多久，朱瞻基便杀到朱高煦的大本营乐安城。大军将城池团团包围，用神机铳箭向城内射击，城内军民皆惶恐不安。将领们劝朱瞻基强攻，但朱瞻基拒绝了，而是用箭将劝降的诏书射进城内。眼看城池随时会被攻陷，城内人心浮动，人们甚至想把朱高煦绑起来献给朱瞻基以中止战争。

朱高煦知道大势已去，决定出城投降。大臣们建议朱瞻基立刻将朱高煦处死，但朱瞻基宽宏大量，免了叔叔的死罪，将叛乱的文武官员一同押解回京。

故事并没有到此结束。如果朱高煦从此安分守己，老实本分地度过余生，兴许还能保留一条小命，但朱高煦不是那种人。有一天，朱瞻基前去看望朱高煦，朱高煦趁其不备，伸出一只脚绊倒了朱瞻基。朱瞻基勃然大怒，叫人找来一口铜缸，将朱高煦反扣在缸里。铜缸重达百斤，但朱高煦力大如牛，竟把缸顶了起来，他摇摇晃晃地横冲直撞。朱瞻基一气之下命人在铜缸周围点燃木炭，把朱高煦活活炙死在铜缸内。

平定汉王朱高煦的叛乱后，明朝的政局稳定了下来。朱瞻基虽然烤死了自己的叔叔，但他在历史上的评价仍然是一位贤君。明宣宗朱瞻基在明成祖、明仁宗的基础上，继续改革政治机构，让许多杰出前朝老臣愿意继续效劳，他还仿效汉唐明君的处事原则，广开言路、积极纳谏。对于百姓的犯法行为，明宣宗认为是教化不够，所以命令各级官吏教化百姓，从人心上斩断他们犯罪的想法。

由于朱瞻基采取宽松治国和息兵养民等一系列政策，社会经济也越来越好，历史上把明仁宗、明宣宗在位时期称为"仁宣之治"。

宝石红釉僧帽壶
现藏台北故宫博物院

● 历史加油站

蟋蟀天子

明宣宗朱瞻基本是一个有较高文化素质的皇帝，但也是一个喜欢玩儿的皇帝。他本人特别喜欢蟋蟀，所以在民间被称为"蟋蟀天子""蛐蛐皇帝"。蟋蟀在古代叫"促织"。蒲松龄的《聊斋志异》中有一篇《促织》，这篇一开头就说"宣德间，宫中尚促织之戏，岁征民间"，这里的"宣德"就是明宣宗朱瞻基的年号。

8 土木堡之变

明成祖朱棣驾崩后，无论明仁宗还是明宣宗都没有发动大规模的针对蒙古的战争。但是，到了明英宗朱祁镇当皇帝的时候，他却因一次战役惨遭俘虏，这是怎么回事呢？

公元1449年，蒙古的瓦剌部派出使团向明英宗朝贡，参与朝贡的人员有两千人，但他们为了骗回更多财物，谎称三千人。没想到明英宗身边的红人大太监王振，偏偏查出了真实人数，还把瓦剌进贡的劣等马价格压低到五分之一。瓦剌人没有得到便宜，反而损失了更多。于是，他们开始不断骚扰边境，瓦剌部的首领也先率军进攻大同。

也先铁骑声势浩大，锐不可当。山西大同的守军接连败退，许多城池沦陷。战况紧急，战报如雪片般飞向紫禁城。此时正是危机之时，但明英宗好大喜功，而王振也有自己的小心思。他认为如果明英宗凯旋，自己也能顺道回家乡看看，到时候衣锦还乡，一定风光无限。

一方面是王振的劝说，另一方面明英宗也想效仿明成祖扫荡漠北，建功立业，于是御驾亲征的事就这样决定了。大臣们极力劝明英宗不要草率亲征，甚至在宫门前长跪不起，恳请陛下收回成命，但这依然没能让明英宗回心转意。明英宗下诏亲征，仅仅用了两天时间就做好了安排，他命令郕（chéng）王朱祁钰守备京城，兵部侍郎于谦留京处理政务，自己带着王振、文武官员和大军出征北方。

从道义上讲，明英宗似乎是正义的一方，二十多万大军从北京到了大同，理应取得对也先的胜利。然而这一战，明英宗的指挥出现了重大失误，因为他太相信大太监王振了，而王振

并不懂军事。论捞取权力，王振是把好手，但论带兵打仗，则完全超出了他的业务范围。虽然随行官员有英国公张辅、成国公朱勇，还有众多文臣武将，但明英宗偏信王振，全军的指挥权都在王振手里。

明军抵达大同后，镇守大同的人向明英宗汇报说也先为了诱使明军深入，正假装撤退。没想到同样得知这个重要情报的王振根本不为所动，坚持追击瓦剌。然而前锋仅仅遭到一场小败，王振就慌了神，赶紧下令全军撤退。全军将士一头雾水，撤退时部队组织十分混乱，就像打了一场大败仗。

王振的胡乱指挥到这里还不算完呢，撤退途中他见离自己的老家不远，又动了私心，想带着明英宗回老家转转，耀武扬威一番。可大部队刚走出四十多里地，王振突然想到，这么多军士徒步行进，一定会踩坏老家的庄稼，于是又仓促改道。这一来一回，也先的部队追上来了。

王振见状急忙派成国公朱勇带三万骑兵部队抵御，自己和明英宗仓皇逃跑。明军错过最佳的撤退路线，也先抓住战机，对明军穷追不舍，明军狼狈地退到土木堡这个地方，被追上来的瓦剌大军重重围困。

土木堡地势较高，缺乏水源，明军口渴，全军浮躁。瓦剌围困了两天后突然撤退，明军纷纷去南面十五里的河流取水。没想到瓦剌的撤退是一计，趁明军取水时，趁机发动了总攻。嗓子冒了烟的明军早已乱成一锅粥，此一战，被瓦剌军一举击溃。战乱中，王振被杀。

这一战，明军的伤亡达到一半以上，英国公张辅、兵部尚书邝埜（kuàng yě）等五十多位随行文武大臣死于乱军之中，随军的大量军事物资被瓦剌截获，最耻辱的还是皇帝朱祁镇被俘，这在中国历史上也是少有的事情。

论战败的责任，大太监王振难辞其咎，但明英宗朱祁镇的责任更大。我们都说"兼听则明，偏信则暗"，平常分析问题就要多听不同意见，像打仗这样的大事，更要分析各种情报和建议。只相信一个没有带过兵的太监，太过儿戏了！

土木堡之变是明朝对外政策的转折点，无数名臣勇将身死沙场，皇帝也沦为蒙古人的俘虏。此后，明朝转变了防御政策，大规模修建万里长城，从此退守关内，鲜少与关外的世界有所交流。

● 历史加油站

大太监王振

王振是明朝第一代专权的宦官。大太监王振起初是落第的秀才，为人聪明伶俐。他觉得走科举这条路太艰难，便在永乐末年做了宦官。王振运气不错，伺候的主子正是太子朱祁镇。王振善于察言观色，颇得太子的喜爱。朱祁镇即位后，王振受到重用，越过原司礼监太监金英等人，直接出任太监中权力最大的司礼监掌印太监。司礼监是替皇帝掌管奏章和文件的衙门，一般由皇帝心腹宦官担任。王振成为司礼监太监，实际上成了皇帝的代言人。

9 中流砥柱于谦

说到名臣于谦，一定要背诵他的这首诗——《石灰吟》：

千锤万凿出深山，
烈火焚烧若等闲。
粉骨碎身浑不怕，
要留清白在人间。

这首诗既表达了政治家于谦的凛然正气，也是他一生的真实写照，是我们民族精神的具体体现。于谦一生清廉，忠于国家，而且聪慧过人，北京保卫战就是他智勇双全的见证。

公元1449年，也先带领瓦剌军气势汹汹来到北京城下，皇宫内惊慌一片。京城大户得到消息，纷纷南逃，一些大臣也主张南迁，一时间北京城上下人心惶惶。皇帝被人俘虏，还有谁可以拯救这个国家？郕王朱祁钰受命监国，但他仍然需要有人辅助他保卫北京。如果北京再沦陷，明朝也就亡国了。这时候，于谦站了出来，他大声疾呼："谁再敢说迁都，立刻拉出去斩首！京城是天下根本所在，枉然南迁则大势去矣！"

为了稳定局势，于谦联合朝臣请求郕王朱祁钰继承大统，这个提议也得到皇太后的支持。九月初六，朱祁钰登基，是为明代宗，改元景泰，尊明英宗为太上皇。明代宗任命于谦为兵部尚书，调兵遣将，筹备粮草，做好开战的准备。

也先见挟持明英宗要挟明朝的计谋没有实现，便大举进攻北京城。没想到于谦防守有术，他亲自来到城门指挥战斗，与将士们同生共死。瓦剌军与北京守军战于德胜门外，结果于谦大胜。瓦剌又转战到西直门，也被于谦提前布置的明军击退。瓦剌军又进攻彰义门，明军假装失利撤退，瓦剌军追到土城，被潜伏在民居内的明军用火枪袭击，死伤无数。

也先久攻不下，只好带着明英宗从北京撤退。十一月八日，瓦剌军退出塞外，北京保卫战最终取得了胜利，大明王朝转危为安。

也先本想用明英宗要挟明朝割地赔款，没想到明朝又立了新皇帝。也先认为，与其白养着明英宗，不如顺水推舟将明英宗还回，既能与明朝修好，也能坐山观虎斗，让两个皇帝内斗消耗明朝国力。

公元1450年，明英宗回到北京，明朝与蒙古瓦剌部的战争告一段落。回来的太上皇朱祁镇可让现任皇帝朱祁钰犯了难。中国历史上只要提到太上皇，与皇帝的关系大多是父子，然而朱祁镇和朱祁钰可不是父子，而是兄弟，他们是同辈人。这关系是铁定改不了的，但让现任皇帝退回做王爷也是不行的。这该如何是好呢？

回来后的明英宗被明代宗安置在皇城南宫，过着清闲的生活，实际上就是被幽禁。明英宗在南宫当了七年"囚徒"，七年中不曾踏出南宫半步。明代宗为了隔绝明英宗与外界的联系，将南宫大门紧锁，日常的吃穿用度之物都是从小窗递送。

虽然明英宗曾经贵为天子，但如今的生活相当清贫，皇后甚至不得不靠做手工活来换钱。

除了生活上的窘迫，皇宫的变故更让明英宗悲愤交加。明代宗即位之初，曾立明英宗的儿子朱见深为太子，等明代宗地位稳固后，野心也随即暴露，想将自己的长子朱见济立为太子。大臣们也明白明代宗的意思，纷纷上书请求改换太子，于是明代宗便废掉了朱见深的太子之位，改立了自己的儿子。

正当明英宗一筹莫展之时，上天又给了他一个机会。朱见济刚当上太子不到一年就病死了，而明代宗没有第二个皇子可立，这就造成了储位空虚。景泰八年，明代宗病倒，无法上朝，下面的臣子开始议论纷纷：如果明代宗驾崩，该由谁来继承皇位呢？

景泰八年（公元1457年）正月十六日，宫内突然传来消息说明代宗病情好转，于是众臣准备第二天上朝的时候与皇帝商议皇储问题。但出乎所有人意料的是，正月十六这天晚上，明英宗却从南宫出来了！

将领石亨、徐有贞亲眼看到明代宗重病不起，便私自打开南宫，请明英宗复位。五更时分，百官正在紫禁城的午门外等待明代宗上朝。没想到宫门大开，徐有贞却高声宣布："太上皇复位了。"朱祁镇光明正大地进入大殿，百官目瞪口呆。这就是历史上非常有名的"夺门之变"，又称"南宫复辟"。

就这样朱祁镇又登上了帝位。重新做回皇帝的明英宗立马下诏，改当年的"景泰八年"为"天顺元年"，他也是明朝历史上的唯一一个拥有两个年号的皇帝。

朱祁钰重新做回郕王，十八天之后死去，死因不明。而朱祁钰重用的名臣于谦，也以谋逆的罪名被处死。于谦是冤枉的，他是效忠于大明王朝的名臣，但却成了明英宗眼里的"乱臣贼子"，成了皇权斗争的牺牲品。

透视于谦的一生，他是清白的，历史最终证明了他的清白，就像他的诗歌说的那样："粉骨碎身浑不怕，要留清白在人间。"

历史加油站

景泰蓝

景泰蓝是一种金属工艺品。这种工艺品光彩夺目，呈现出美丽的蓝色调，因为技术成熟于景泰年间，所以就叫景泰蓝。景泰蓝又叫掐丝珐琅，是一种瓷铜结合的独特工艺。这种工艺品用铜丝做线条，然后在铜制的胎上捏出各种花纹，再将五彩珐琅点填在花纹内。主要工序有制胎、掐丝、烧焊、点蓝、烧蓝、磨光、镀金等。景泰蓝的制作工艺极其复杂，包括青铜、瓷器工艺和传统绘画、雕刻技法，是中国传统工艺集大成者。

10 痴情父子皇帝

明宪宗朱见深是明英宗朱祁镇的儿子,年幼时被立为太子。因为父亲被蒙古人俘虏,叔叔朱祁钰当了皇帝,想立自己的儿子为太子,于是朱见深被废成了沂王。年幼的朱见深是孤独的,只有宫女万贞儿这个大他十七岁的女人在乎他的感受。宫女万贞儿温柔细致地照料着朱见深,朱见深一天天长大起来。

南宫之变,父亲朱祁镇又重新做回皇帝,朱见深也重新当上了太子。后来朱祁镇驾崩,朱见深即位成为新皇帝,是为明宪宗。朱见深想立万贞儿做皇后,结果太后坚决反对,认为万贞儿地位卑微,无论如何也不合祖制,于是朱见深只能立吴氏为皇后,立万贞儿为贵妃。但是朱见深只爱万贵妃一个人,吴皇后最后因为打了万贵妃而被废。

明宪宗与万贵妃的感情是复杂的,可能是一种爱情与亲情杂糅的感情。虽然万贵妃大他十七岁,但明宪宗的爱是如此深沉。万贵妃在五十八岁的时候因病去世,当时仅仅四十一岁的明宪宗悲痛万分,结果在同年也忧郁而亡。于是帝国的皇位传给他的儿子朱祐樘，也就是后来的明孝宗。

但是，明孝宗并不是万贵妃的儿子，万贵妃的儿子早夭，明孝宗是一名姓纪的宫女所生的。这个纪姓宫女能生下朱祐樘非常不容易，因为没有儿子的万贵妃见不得宫里其他女人给朱见深生孩子。直到有一次朱见深感慨自己没儿子时，太监张敏才告诉朱见深其实他有一个六岁的儿子。朱见深赶紧把儿子的母亲纪氏封为皇妃，把母子俩接到永寿宫居住。不过没隔几个月，纪皇妃就死了，很有可能是万贵妃害死的。为了保护朱祐

樘不再受伤害，周太后把孙子养在自己身边，这才逃过了万贵妃的魔爪。

明孝宗朱祐樘和父亲一样，也是个深情皇帝。继位后的朱祐樘虽然贵为天子，但他的后宫竟然除了张皇后一人，没有任何妃嫔，这在封建社会简直是无法想象的。也许是因为幼年的朱祐樘见惯了后宫妃嫔为了争宠而发生的惨剧，他默默下了决心，有朝一日自己登上帝位，绝不允许后宫再发生类似的事件。

朱祐樘和张皇后伉俪情深，相守到老，就像民间普通的夫妻一样。就连死后他们所葬的十三陵中的泰陵，也仅为二人的合葬陵，而不像其他皇帝的陵墓，还陪葬着大量的嫔妃。

明宪宗和明孝宗的时代，北部边患逐渐平息，帝国的一切事务都井井有条。但也有几件值得一说的事情。

明宪宗朱见深一上任就为叔叔明代宗朱祁钰和于谦平反，表现得非常大度。但朱见深有个缺陷，就是他有口吃，也就是结巴，这导致上朝没法正常表达。有一次，因出现了特殊的天象，朱见深召见内阁大臣来讨论。结果他一言不发，场面十分尴尬。阁老们见状，赶紧叩头、高呼万岁了事。从那以后，朱见深决定不再召见大臣，而是通过太监传话，这下子便带来了严重的后果。

朱见深此举改变了朝廷的运作方式，太监在朝中的影响越来越大。朱见深在明太祖的锦衣卫、明成祖的东厂之外又设立了西厂。太监汪直掌管西厂，权力巨大，非常专横跋扈。

明宪宗是因为口吃不愿接见大臣，可后来的明朝皇帝却把不上朝当成惯例，正德、嘉靖、万历都是不爱上朝甚至根本不上朝的皇帝。明太祖朱元璋怎么也想不到他削掉丞相，拼命加强的中央集权落了个这样的结局。

历史加油站

西厂与东厂

明成祖朱棣对建文帝留下的大臣并不信任，他需要一个机构来监督文武百官。其实，之前设立的锦衣卫就有类似的功能，但锦衣卫设立在皇宫之外，由大臣统领，不便于皇帝掌控，朱棣便决定在皇宫附近设立一个新的机构。新的机构办公地点位于东华门附近，人们便称之为东厂。东厂存在的时间很长，一直到明朝灭亡才消失。

明朝发展到中期阶段时，各种势力错综复杂，内阁、宦官之间争权夺利。锦衣卫和东厂都得不到皇帝完全的信任，于是朱见深便设立了一个新的监视机构，这个机构位于皇城以西的灵境胡同附近，人称西厂。西厂的第一任首领是宦官汪直。由于西厂"臭名昭著"，仅仅存在了五年就被裁撤，后来虽然被短暂恢复，但前后加起来一共不到十年。

11 玩世不恭明武宗

如果评选中国历史上最喜好玩闹的皇帝，非明武宗朱厚照莫属。这个在位十六年、活了三十一岁的明朝皇帝一生表现总是让人惊叹不已又哭笑不得。

这么一个玩世不恭的人怎么能够成为大明皇帝呢？原因很简单，朱厚照是明孝宗的长子，唯一的继承人。尽管明孝宗还有个二儿子，却早早夭折了。明孝宗死后，朱厚照便继位成了正德皇帝。

为什么说朱厚照玩世不恭，看看他做的事儿就知道了。

朱厚照十分讨厌待在紫禁城，他在西华门另建宫殿，叫作"豹房"。豹房这名字听起来就很野性，没错，豹房里确实养着豹子。他厌倦了紫禁城的高墙，宫内枯燥的生活让他感到无聊。豹房就不同了，这里也有两百间屋子，还设有迷宫。他整天待在豹房享乐。朱厚照不仅喜欢豹，还喜欢虎。有一次因为逗弄老虎，被老虎所伤，就不得不暂停上朝。朱厚照还喜欢钓鱼，有一次船翻了，虽然最后被救了上来，却得了一场大病。

朱厚照极其宠信大太监刘瑾。朱厚照还是太子的时候，刘瑾犯了罪应该被处死，结果不但被赦免，还来到朱厚照身边当近侍宦官。"一人得道，鸡犬升天"，朱厚照成了皇帝后，宦官刘瑾成了司礼监掌印太监。

当时比较著名的有八个宦官，合称"八虎"，刘瑾就是八虎之首。刘瑾虽然没文化，却靠司礼监掌印的权力把持着朝政。明武宗为什么这么信任刘瑾呢？因为明武宗本人就不爱处理朝政，而刘瑾特别善于向皇帝邀宠，今天献个鹰，明天弄个犬，后天来个歌舞，是明武宗的好玩伴。

在刘瑾的引导下，明武宗越来越离谱，竟还在宫中模仿市集上的活动，把宫中搞得乌烟瘴气，气坏了当朝的大臣们，于是一些正直的大臣们便集体进谏，请求明武宗严惩以刘瑾为首

的八虎。

朝堂上，大臣们正襟危坐，说话一板一眼，明武宗听得浑身不自在。刘瑾听说后，跑到明武宗面前哭诉，明武宗一时心软，不但没有惩治他，反而惩罚了首先进谏的大臣。最终八虎战胜了群臣，气焰更加嚣张。刘瑾又提议说可以弄个豹房，还在里面弄了许多玩意儿供明武宗享乐。刘瑾也确实是坏，之后大臣有事奏禀，刘瑾就总是挑明武宗正玩得开心的时候提。你想皇帝正玩得尽兴呢，哪有心情理这些？明武宗赶紧挥手撵刘瑾，口中还说："我用你干什么？别来打扰我！"一来二去，刘瑾便独断专行，遇事不再向明武宗汇报了。

明武宗还自封威武大将军。自己给自己封赏，这绝对是中国历代皇帝中的第一个。正德年间，明朝北部边患比较严重，蒙古小王子不时骚扰边境。按理说，明朝自有边将负责防卫，但是明武宗非常崇拜自己的祖宗朱元璋、朱棣，他也想亲自带兵打仗，去和蒙古小王子来个单挑。

为此，明武宗还偷偷骑马溜出宫，这让大臣们匪夷所思。有一次，明武宗又跑出皇宫，骑马到了北京昌平，大臣们劝他回宫，他不听，竟然骑到了居庸关，幸好巡官御史张钦坚决不给明武宗开关，明武宗这才乖乖回宫。不久后，明武宗又来到了居庸关，这次他成功出关了。明武宗一路跑到阳和，他化名为朱寿，自称总督军务威武大将军总兵官，简称威武大将军。

朱厚照是皇帝，而朱寿是大将军，一人分饰两角，好好的皇帝不当，非要自降身份当大将军。不过大将军朱寿还可以，和蒙古小王子打了几仗，小王子最终逃走了，算是取得了胜利。于是明武宗朱厚照给威武大将军朱寿封赏，特加封镇国公，每年禄米五千石。

公元1519年，蓄谋已久的江西宁王朱宸濠造反。一般皇帝听到这消息，肯定很是愤怒，然而明武宗很开心——终于又有御驾亲征的机会了！明武宗率军从北京南下。没想到，在江西的都察院左佥都御史的王阳明觉得这是分内之事，三下五除二就把宁王朱宸濠活捉了！

此时，明武宗才走到涿州。收到捷报，明武宗心想：叛贼已平，还怎么亲征呀？不行，我得装作不知道。于是明武宗的军队继续南行，抵达了扬州府。而此时，王阳明已经把宁王押到了南京，请皇上受俘，可明武宗就是不准。王阳明只好重新发捷报说所有功劳都是大将军朱寿的，明武宗这才准奏，勉强返北。但回京的路上，明武宗又突发奇想：要是把宁王再放回去作乱，由自己亲手再抓回来怎么样？大臣们听言，个个如五雷轰顶，简直都不知道该怎么劝谏才好。

第二年，明武宗外出钓鱼，不慎翻船落水，从此一病不起。公元1521年，明武宗死于豹房，结束了自己荒诞的一生，享年三十一岁。

填漆牡丹圆盒
现藏台北故宫博物院

🍐 历史加油站

明朝八虎

　　八虎指明朝正德年间八个受宠的太监。朱厚照在做太子时，就有八个太监陪他玩得很好，分别是刘瑾、马永成、高凤、罗祥、魏彬、丘聚、谷大用、张永。随着朱厚照做了皇帝，这些东宫随侍太监们成为明王朝重要的太监。他们以刘瑾为首，为了巴结皇帝，总是搞出一些稀奇古怪的东西，让皇帝享乐。幸好明孝宗时期留下的大臣整体班子还算是比较正直，朝廷的局面才能勉强维持。

12 圣人王阳明

明正德年间，皇帝朱厚照玩世不恭，但正德时代却出了一位圣人——王阳明。没错，这个王阳明就是俘虏了宁王朱宸濠的那个人。

王阳明本名王守仁，号阳明，出生于浙江绍兴余姚的一个显赫家庭，父亲王华官至南京吏部尚书。王守仁从小就志存高远，认为科举考试并非最要紧的事，读书做圣贤才是他追求的。他对知识痴迷到了什么地步？十七岁时，王守仁与诸氏成婚，可在结婚那天，他遇到一个道士，便向这道士请教学问。道士跟他讲了养生术，王守仁听得一时痴迷，结果忘了结婚这事，直到第二天，岳父才把他找了回去。

王守仁曾拜谒学者娄谅，娄谅跟他讲朱熹的"格物致知"之学。所谓"格物致知"，是指认真观察某种事物，探究事物的原理，并从中获得知识。王守仁对娄谅所说的"格物致知"非常感兴趣，读遍了朱熹的著作，决心"格"一下竹子。结果他"格"了七天七夜的竹子，也没从中得到什么道理，王守仁便对"格物"学说产生了怀疑,这就是中国思想史上著名的"守仁格竹"的故事。

"格"竹子没格出东西,王守仁却在仕途上有所斩获。公元 1499 年,二十八岁的王守仁参加科举考试,考中了二甲进士第七人,开始了做官生涯。然而,明武宗即位后,大太监刘瑾把持朝政,霍乱朝纲,肆意打压朝廷的肱股之臣。王守仁为那些大臣仗义执言,这可得罪了刘瑾,被打了四十板子,贬到贵州龙场当驿站的驿丞。

贵州龙场地区是少数民族杂居之地，非常荒凉偏僻，环境恶劣。王守仁没有气馁，他根据当地的风俗开化教导民众，很受群众爱戴。王守仁认识到圣人之道不在向外求理，而是应该向自己的内心追寻真理，这就是著名的"龙场悟道"。

贵州龙场任期一到，王守仁被调往江西庐陵任知县，次年刘瑾被弹劾，王守仁终于又被调回中央。辗转几个职位后，王守仁被提拔为都察院左佥都御史，负责巡抚江西、福建等地。当时，江西中南部的盗贼蜂拥四起，而福建大帽山的盗贼也起兵，于是两方势力便联合作战。王守仁到任后，把年轻时学到的军事知识都用上了，加上他"龙场悟道"一通百通，为患十年的盗贼面对神一般的人物，完全不是对手，当地人都认为王守仁是神。

公元1519年，宁王朱宸濠在江西造反，正准备去福建平定另一场叛乱的王阳明决定暂时不离开江西，先对付朱宸濠。没有得到正德皇帝指示的王守仁，立即赶往吉安，募兵、发出檄文至江西各地，要求各地起兵平叛。

宁王本来要攻取南京，但他忌惮王守仁檄文中提到的十六万朝廷大军，只得按兵不动。宁王等了十多天，探知朝廷此时根本没有多少兵——北京的明武宗大军还离得远呢，他这才沿江东下，攻取了九江、南康（今江西省星子县），窥伺南京。

南京如果沦陷，将是战略的大失败。但是王守仁不准备去救，反而带领仓促组建的八万军队，直捣宁王的老巢南昌。宁王只得回去救援，与王守仁在鄱阳湖展开大战。经过三天激战，王守仁俘虏了宁王。宁王叛乱三十五天就结束了，于是就有了明武宗不理王守仁的捷报，因为王守仁平叛太迅速了，"抢了"皇帝的功劳。

王守仁的平叛大功在武宗时期始终没有得到认可，然而王守仁根本不在乎什么封赏。嘉靖元年（公元1522年），王守仁的父亲去世，王守仁回乡丁忧，后来在浙江绍兴建阳明书院。尽管王守仁在后来的嘉靖时代也做了官，但王阳明晚年真正的贡献在于提出了"心学"，又叫"阳明心学"，主张"知行合一"。

他的弟子也不断传播"心学"，使得王阳明成为孔子、孟子、朱熹之后又一位公认的圣人。王阳明的"心学"和朱熹的"理学"都是儒家思想的再发展，阳明学是明朝中晚期的主流学说，不仅传播到日本，而且在整个东亚都有影响。我们今天如果翻看他的《传习录》，仍然会感受到他的思想的力量。

古木寒泉（局部） 文征明绘
现藏台北故宫博物院

🍐 历史加油站

王阳明与《传习录》

"传习"一词出自《论语》中的"传不习乎"，《传习录》由王阳明的弟子、门人对王阳明的语录和信件整理编撰而成，是一部简明而有代表性的儒家著作。书中不但全面阐述了王阳明的思想，也体现了他辩证的授课方法，以及高超灵活的语言艺术。王阳明的思想和《传习录》至今仍然有着深刻的影响。

13 修道皇帝嘉靖

明武宗朱厚照驾崩后，因为没有子嗣，由他的堂弟朱厚熜即位，年号嘉靖。这个嘉靖皇帝可是明朝历史上非常有名的皇帝：他当皇帝四十五年，有二十五年不上朝；他醉心于道教修炼，还差点儿被宫女勒死；他的时代出了海瑞、戚继光这样的名臣名将，也出了严嵩、严世蕃这样的大奸臣。他是一个十分复杂的人。

朱厚熜一上台就给群臣来了一个下马威。朱厚熜从湖北安陆赶到北京，跟掌管礼仪的官员发生了冲突。他是朱厚照的堂弟，但礼官认为他应该按照皇子的身份即位，由东华门而入，居文华殿。只见朱厚熜瞥了一眼，说："遗诏是让我以继承人身份做皇帝的，我又不是皇子。"场面一度尴尬，一番僵持之后，朱厚熜始终不妥协。最终，朱厚熜从大明门进入皇城，于奉天殿即位，宣布年号为嘉靖。

然而，事情还没完。皇帝登基后，就面临着尊皇考（古代对死去父亲的尊称）的问题，到底是该尊嘉靖皇帝的亲生父亲还是正德皇帝的父亲为正统,朱厚熜又与群臣产生了矛盾,这就是明朝历史上有名的"大礼仪之争"。群臣认为嘉靖皇帝应该认正德皇帝的爹为亲爹,对自己的父亲称皇叔,事实上就是逼迫嘉靖皇帝过继给明孝宗一脉,嘉靖皇帝则坚持追尊自己的父亲为皇帝。双方斗得十分激烈,折腾了三四年。

很多大臣守在宫门外据理力争,连哭带喊,声势浩大,想逼嘉靖皇帝改主意。嘉靖皇帝气不过,将一百多人关到了锦衣卫的监牢里,又将这

些人廷杖，打死了其中十几人，重伤四十多人。大臣们领略到嘉靖皇帝的厉害，大礼仪之争以嘉靖帝的胜利而结束，同时也代表着前朝势力与当朝势力较量的结束。

早年的嘉靖皇帝还是一个勤政的皇帝，他废除了明武宗时期的种种弊政，加强对太监们的管理。然而随着年龄增大，这个皇帝爱上了修炼，最后干脆不上朝，把宫殿变成了像道观一样的地方，每日炼丹、打坐，穿着打扮也像个道士。

邵元节是江西龙虎山的道士，嘉靖皇帝听说邵元节很有名，就把他征召入宫，向他求教道法。邵元节的回答让嘉靖皇帝很满意，于是对他大加崇信。那时，北京的雨雪总不能按时而至，嘉靖皇帝就让邵元节求雨，没想到这个邵元节屡次祈雨都成功了。嘉靖皇帝一看这么灵，除了赏赐邵元节外，还让他总领天下道教。《西游记》里车迟国求雨的故事情节，其中皇帝和国师的原型就是嘉靖皇帝和邵元节。

邵元节活了八十岁而终，嘉靖皇帝为之落泪，转而又重用另一个道士陶仲文。这个陶仲文本事不比邵元节，但比较擅长炼丹，说能帮助嘉靖皇帝延年益寿。嘉靖皇帝觉得陶仲文的方子很有效，于是对陶仲文言听计从，一时间宫里乌烟瘴气。

为了长寿，嘉靖皇帝偏信秘方，总是折磨宫女。公元1542年的一天，十几个宫女受不了嘉靖皇帝的折磨，想勒死他。她们趁嘉靖皇帝熟睡之时，用绳子套住他的脖子，然后用力扯拉，怎奈绳子打了死结，怎么也勒不死嘉靖皇帝。就在这时，皇后赶来了。嘉靖皇帝幸免于难，犯案的宫女们全部被处死。这次事件史称"壬寅宫变"。

那么，嘉靖皇帝不上朝期间，谁来治理国家呢？大明王朝的内阁制度此时已经相当成熟了，嘉靖皇帝最重要的事就是选好内阁人员，尤其是首辅，以及司礼监掌印太监，其他的事情他一概不管。

首辅是内阁的重中之重，在嘉靖在位的中后期，嘉靖皇帝非常相信首辅严嵩。这个严嵩很能干，但他排斥异己，还提拔自己的儿子严世蕃入阁。父子二人翻云覆雨，把大明朝堂弄得像严家的天下。即便如此，朝廷朝依然有正直清明的好官，他们敢于跟权臣、跟腐败抗争，代表人物就是海瑞。

嘉靖时期，外部局势并不太平，北方有俺答汗常年袭扰边境，东南沿海有倭寇入侵。"南倭北虏"问题始终困扰着嘉靖一朝，这便是明王朝后期内忧外患局面形成的开始。

掐丝珐琅凫式炉
现藏台北故宫博物院

🟢 历史加油站

> **北京四坛**
>
> 　　嘉靖皇帝信道教，还喜欢大兴土木。所以，在他统治时期，在北京新建了地坛、日坛和月坛，这样就同天坛共同组成了四坛，整个北京城被放置在一副八卦图中。他还组织修建了北京的外城。最初规划是在北京内城外修一个四面环绕的外郭城，但是由于工程浩大，在严嵩的建议下改为先修筑南面外城，最终形成今天北内城、南外城的老北京格局。

14 耿直"海笔架"

明太祖朱元璋生活俭朴，给官员们的俸禄很低。然而大明王朝发展到嘉靖时期，帝国已经进入到中期，经济状况比开国时期好了不少。官员手中权力很大，而薪水却仅仅能糊口，强烈的反差让其中一部分人心中产生了不平衡，于是把手伸向公家和老百姓的钱袋，贪污现象屡禁不止。加上严嵩、严世蕃父子官官相卫，贪污腐败成为常态。但海瑞却是其中的另类。

海瑞的科举之路并不顺遂，他不是进士，更不是什么状元，但为人刚正不阿。

海瑞任南平教育部门的官员时，御史去巡查，其他的属吏都跪在地上通报姓名，态度十分谄媚。御史就是那个时代的巡回检察官，专门监督官员们的言行举止，可以弹劾任何有不当行为的官员。但是海瑞身正不怕影子斜，海瑞不跪，而且说："御史应当行礼，这个学堂是老师教育士子的地方，老师不应该给别人行礼。"海瑞身旁两边的属吏伏在地上，海瑞直挺挺站在中间，画面好似一个笔架，所以海瑞一时被传为"海笔架"。

海瑞作风清廉，从不贪腐。他从南平教谕升任淳安知县，当上百姓的父母官，从不干欺压百姓和收受贿赂的事，生活开销全靠俸禄。要知道大明王朝的知县俸禄极低，仅仅可以糊口，很难养活一家子人。别的知县稍稍动用一下权力，就可以捞个盆满钵满，但海瑞不会这样干。

他上班的时候是个知县，下班回家就把县长的官服脱掉，挽起袖子自己干起给小米脱壳这样的粗活儿。家里的菜不够吃，就自己种菜。上班当官，下班种菜，海瑞用行动证明再微薄的收入都可以维持生活，这让全天下的官员们都感到汗颜。

有一次，海瑞给母亲过生日，去市场买了两斤肉，没想到就是这样一件普通的小事却被传得风风雨雨——海瑞竟然也奢侈了一把，给他老母亲买肉啦。这样的话甚至传到总督胡宗宪那里，让人哭笑不得。

胡宗宪是一个好官，但海瑞对这个上司也不依不饶。有一次胡宗宪的儿子路过淳安县的驿站，对驿站的服务很不满意，竟然把驿站的属吏倒挂了起来。旁人碰到这种飞扬跋扈的世家子弟，往往选择息事宁人。但海瑞执法严格，违法必究，他不仅逮捕了胡宗宪的儿子，还没收了他的钱财，并说："按照胡宗宪大人以往的行事作风，绝对不会铺张浪费。但是你衣着华丽奢靡，还欺负人，肯定不是胡大人的公子。"海瑞把这事上报给胡宗宪，胡宗宪没有怪罪海瑞。

海瑞就是这样一个人，他刚直不阿，不仅廉洁奉公，而且在工作中尽心尽力。朝廷花销太大，海瑞竟直接上疏指责嘉靖皇帝浪费。要知道"大礼仪"事件后，很少有官员敢在嘉靖皇帝面前提出对朝政的看法，首辅严嵩与嘉靖皇帝商量事儿也是顺着皇帝的心情来。那些敢于提出不同意见的大臣或被杖或被杀，几乎没有人敢于挑战嘉靖皇帝。

嘉靖四十五年（公元1566年），正值春节期间，全体官员都在向皇帝表达祝福，海瑞的奏疏里却指责皇帝沉溺修道，不理朝政，这让嘉靖皇帝大为光火。嘉靖皇帝一边看着海瑞的奏疏，一边说道："速速把海瑞抓来，可别让他跑了！"

这时候，宦官黄锦说："这个海瑞向来比较耿直。他知道陛下看到这本奏疏必然会生气，也知道死期将至，他已经买了棺材，跟家里人诀别，是不会跑的。"嘉靖皇帝不说话了，过了一会儿，又把骂他的奏疏看了好几遍，越发觉得海瑞骂得对，便道："此人可以比得上商朝的比干，但我不能做纣王。"

同年秋天，嘉靖皇帝因病郁闷不已，于是召来内阁首辅商量退位之事，并对其说海瑞对自己的指责都是对的，但又因受到责备辱骂而感到不痛快，于是将海瑞关进了大牢。

嘉靖皇帝死后，海瑞被释放，后来相继在隆庆和万历两朝当官。他在任上抑制土地兼并，打击豪强，手段非常强硬。万历十五年（公元1587年），海瑞病故于南京任上。据说，他的遗物只有八两银子。

五彩百鹿尊
现藏台北故宫博物院

🟢 历史加油站

《治安疏》

　　《治安疏》被称为"直言天下第一疏"，也就是海瑞触怒嘉靖皇帝的那篇奏疏。《治安疏》指责了嘉靖皇帝迷信道教、妄想长生、昏聩误国，指出天下官员贪污、战将疲弱、民不聊生，都是由于皇帝"误举"所致。海瑞甚至在《治安疏》中讽刺嘉靖年号意味着"家家皆净而无财用"，不过奏疏最后有提出改革政事的具体意见，希望嘉靖皇帝采纳。

15 戚继光抗倭

海瑞任淳安知县,上司就是总督胡宗宪。胡宗宪管理着南直隶(今江苏省)、浙江、福建几省的军务,主要敌人就是倭寇。胡宗宪麾下有几员大将:俞大猷(yóu)、戚继光、卢镗等,最有名的莫过于抗倭名将戚继光。

那么,到了嘉靖时期,为什么出现了倭寇问题呢?什么是倭寇呢?它是指13世纪到16世纪侵略朝鲜、中国沿海各地和南洋的日本海盗集团的泛称,除沿海抢劫掠夺以外,主要从事中日走私贸易,由于中国古时对日本称为倭国,故称其为倭寇。但其实明清时期倭寇里不光有日本人,还有明朝人,这又是怎么回事?原来明初朱元璋统一天下后,他的对手张士诚的残部和北元余部逃到了海上,因此朱元璋实行海禁,封锁东部沿海。虽然在郑和下西洋时期有所缓和,但整个明朝时期海禁都是国策。因为海禁让沿海地区的人无法出海捕鱼贴补家用,所以一些人就当了海盗。

到了嘉靖时期,一个叫汪直的人在广东靠做生意发了财,后来他抵达日本的福江岛，受到了日本大名宇久盛定和松浦隆信的欢迎，松浦隆信把平户岛和松浦津给汪直做基地，专门从事海上贸易，于是汪直有了自己的地盘。汪直经常去宁波外海的双屿港进行走私，双屿港逐渐成为东亚最大的走私贸易港。在浙江海道副使的默许下，汪直大胆进行苏州、杭州与日本、东南亚的贸易。汪直还配合官府平定海盗，自己则确立了"海

上霸主"的地位。

当时明朝官方坚持海禁政策，反对走私贸易，朝廷派遣总兵俞大猷捣毁了双屿港。尽管汪直向官方解释葡萄牙、西班牙国际贸易的重要性，但保守的官僚根本不听一个走私商人的解释。最终，汪直被朝廷设计抓住处死，汪直的手下失去控制，开始纠集日本浪人，以倭寇的名义骚扰沿海，于是抗倭之战成了明朝嘉靖年间持续很久的外患。

起初戚继光还是俞大猷的手下，与俞大猷的老成保守不同，戚继光在作战方面积极勇猛。军队战斗力差，戚继光就严加训练，还从浙江金华、义乌募兵三千人，练习"击刺法"。在严格的训练下，士兵们对战舰、火器、兵械无不专精。就这样戚继光打造了一支"戚家军"，这支军队连战连捷。在浙江，戚家军九战皆胜；到了福建，戚家军又创造了"斩首二千六百""连克六十营"的战绩，打得倭寇闻风丧胆。

倭寇问题是复杂的。虽然倭寇的头子汪直被朝廷诱杀，但倭患并未根除。直到丰臣秀吉统一日本，重新建立日本国的统治秩序，倭患问题才得以解决。但戚继光依然在倭患泛滥时给予倭寇重创，他和俞大猷等名将暂时压制住了倭寇对沿海地区的骚扰。

戚继光不但抗倭有功，在北方战场也有所建树。明朝北边一直遭受蒙古骑兵的骚扰，北部边疆的安全受到威胁。嘉靖之后的隆庆元年，朝廷调戚继光到蓟门，让戚继光训练蓟州、昌平、保定的三万步兵，以抵御蒙古骑兵的骚扰。经过一番调查研究，戚继光指出这三万步兵的种种缺点，还提出补修长城等建议。对此，朝廷一一给予解决，一时间，蓟门军成为守边部队中战力最为强大的一支。因为戚继光的蓟门军太强大，以至于后来敌人都转而攻击北部边防的其他守将。

戚继光能够取得这样的功绩，是因为他号令严明，赏罚分明，作战雷厉风行。到了万历年间，戚继光最终因为在朝堂受到排挤而选择告老还乡，结束了自己的戎马生涯。

历史加油站

倭寇徐海

倭寇徐海是仅次于汪直的第二大海上势力。起初他是汪直的旧部，后来独立成了烧杀抢掠的海盗。由于徐海早年是杭州虎跑寺的和尚，他靠着大明"活佛"的身份，到达日本后很快纠结起一批日本人，成为倭寇首领。徐海带领日本破产农民、市井无赖侵扰长江三角洲一带，自号"天差平海大将军"，规模一度达到几万人。徐海倭寇集团与明朝官军多次交战，互有胜负。后来，胡宗宪采用了徐渭（徐文长）的反间计才取胜，最终徐海投水而亡。

16 首辅张居正

嘉靖皇帝之后，即位的是隆庆帝。隆庆皇帝只在位六年，在大明的历史上很短。但这位皇帝是一位仁厚的皇帝，他知道父亲嘉靖皇帝做了太多荒唐事，导致朝廷乌烟瘴气，所以希望现状有所改变。他放手让有能力的官员大刀阔斧地改革，内阁里先后三任首辅徐阶、高拱、张居正都是非常有谋略的人。尤其是张居正，是中国历史上的名臣，张居正改革可以和商鞅变法、王安石变法相提并论。

张居正当上首辅的时候，已经是隆庆帝在位的最后一年。这一年司礼监秉笔太监冯保因不满高拱而向李太后进谗，高拱被贬回原籍，以后十年形成张居正主外、冯保主内的政治格局，张居正才得以全面施展拳脚进行大刀阔斧的改革。为什么能形成这样的局面？

首先继位的太子朱翊钧当时仅有十岁，张居正作为首辅自然成了最重要的辅佐大臣。其次朱翊钧的母亲李太后十分相信张居正，让朱翊钧必须尊敬他，拥有"批红"大权的冯保又是张居正的"死党"。张居正"票拟"，冯保象征性地"批红"，王朝的实际控制权都在张居正手里。

朱翊钧登基后，年号万历，张居正在万历初年做了哪些改革呢？

首先是改革吏治。嘉靖皇帝时的明朝，官员相当腐败，出现海瑞这样清廉的官员，竟然被认为是很奇怪的事。此时的大明行政效率低，办事拖沓。有的官员上朝经常性迟到，就连负

责监督上朝秩序的宦官有时候三个人只来一个人。同一职位，官员有好几个，却都不干事，吃空饷现象很严重。

对此，张居正做了大刀阔斧的整治。他设立考成法，让巡按监督地方官员、六部监督巡按、六科监督六部、内阁监督六科。本身是皇帝顾问的内阁成了最高行政机构，由于他是内阁首辅，几乎相当于明朝的丞相。

张居正通过加强自上而下的监督，使百官有所作为，王朝的行政效率达到大明历史上的顶点。尽管他这种越权行事的行为受到很多御史、官员的弹劾，但皇帝力挺张居正，弹劾他的官员被廷杖、发配、贬官。张居正的吏治改革得以顺利进行。

对于财政困境，张居正推行一条鞭法，将土地税、劳役等税赋合并起来，百姓不用在交税的同时再为国家干活，只需要统一交一遍税，然后国家拿这一部分钱雇人干活。张居正的开源节流是成功的，国家增加了税收，百姓也减轻了负担。

政治和经济的改革，使得张居正取得了空前的成功。但张居正的权力没有受到制约，他的某些行为也受到了指责。

张居正的父亲去世时，按照古代惯例，不管官职大小，都要回家守孝三年，也就是所谓的"丁忧"。然而张居正认为，三年丁忧的时间足以让朝廷变天。有些官员为了向张居正献媚，建议张居正不用守孝三年，连冯保也这样认为。而那些坚持让张居正按旧例守孝三年的官员或被贬官，或被廷杖。皇帝也完全站在张居正这一边，让张居正仅丁忧三个月。

就是这三个月，张居正也不闲着，照样处理公务。而张居正回乡丁忧这一路上所过之处，受到的待遇简直可比王公。不仅地方官员在迎接时长跪不起，而且巡抚这样级别的官员也亲自将他送到下一个省，连襄阳的襄王和南阳的唐王都宴请张居正。

万历皇帝想花钱，张居正建议他节约用度。万历皇帝渐渐长大，对张居正开始有些不满。张居正看出了这种不满，在万历八年（公元1580年）时他主动提出退休，但被太后拒绝了。万历十年（公元1582年），张居正病逝，万历皇帝为之辍朝，赠上柱国，谥"文忠"。然而张居正死后，弹劾他的奏疏越来越多，万历皇帝终于抄了张居正的家，张居正的儿子也被逼自缢了。就连张居正在世时任用的一批官员，或被削职，或被弃市。

张居正在死后受到诸多非议，他的改革成果也毁于一旦。明王朝最后的荣光不再，文武百官开始大肆敛财，朝局急剧衰落，国力衰微，明王朝逐渐走向了覆灭的深渊。

梅花山鸟（局部） 陈洪绶绘
现藏台北故宫博物院

🟢 历史加油站

封疆危日见才难

　　张居正死后，万历皇帝下诏查抄他的家产，但查抄到的只有十几万两白银。负责抄家的官员为了对皇帝有个交代，对张居正的两个儿子严刑拷打。长子张敬修被逼死，余下的人死的死，流放的流放。到了天启、崇祯年间，国力衰微至极，人们又想起张居正的丰功伟绩，天启帝恢复了张居正的清誉和官职，发还了张家的房产，但一切已经来不及了。人们感怀至深，在张居正故居题诗："恩怨尽时方论定，封疆危日见才难。"

17 怠政皇帝万历

张居正死后，万历皇帝终于得以亲政。万历皇帝朱翊钧当了四十八年皇帝，是明朝在位最久，也是公认最懒惰的皇帝。

洪熙皇帝虽然在位时间不长，却勤于政事，开创了仁宣之治；嘉靖皇帝虽然不上朝，但国家的大事小情都了如指掌，虽然醉心修道，但也时不时关心一下政事。然而，万历皇帝就不一样了。万历朝前十年，朝局由张居正掌握。张居正死后，已经二十岁的万历皇帝本应该放开手脚大干一场，可他却连早朝都不参加了，这一年是万历十五年。他给出的理由很简单：龙体欠佳。

万历皇帝果真身体不好吗？据宫中传出的消息，万历皇帝在后宫过着声色犬马的生活。万历皇帝没有能力吗？他可是名臣张居正教出来的学生，正所谓名师出高徒，万历皇帝本身的能力是非常优秀的。比如"万历三大征"，就表现出了极高的水平。这三大征包括对抗宁夏的蒙古人叛乱、对抗日本入侵朝鲜的战争和平定苗疆土司杨应龙叛乱的播州之役。

尤其是公元1592年到公元1598年的援朝作战，显示出万历皇帝优秀的军事才能。之前战乱不止的日本战国时代被丰臣秀吉终结，当时的日本俨然成了东亚强国。丰臣秀吉极力扩展势力，派出九个军团十五万大军试图灭亡朝鲜，一个月便攻陷了朝鲜京城。

朝鲜当时是明朝的藩属国，明朝有义务援助朝鲜。万历皇

帝派出军队奔赴朝鲜作战，和朝鲜联手打败了日本。万历三大征，明朝均取得了胜利，万历皇帝的幕后指挥功不可没，可见万历皇帝并不是没有能力的皇帝。

其实张居正死后，万历皇帝是想有一番作为的。张居正一死，太监冯保被赶到南京，李太后也觉得儿子已经长大，主动从乾清宫搬离，万历皇帝终于可以按照自己的意愿行事。

当时的内阁首辅申时行虽然是老好人，但庞大的文官集团再次让万历皇帝感到不自在。万历皇帝想做点什么，大臣们就搬出祖宗家法和儒家经典指责皇帝，说他的想法、行为不符合规矩。时间长了，万历皇帝开始不愿意参加"经筵"（大臣给皇帝讲课），索性让大臣们把所讲内容写下来，说自己回头再看，实际上他根本就不看一眼。

张居正在时，万历皇帝还能逃避政务，把一切都托付给张居正。等到他亲政的时候，这些大臣们的言语就让万历感到厌烦，他想方设法不上朝，前前后后三十年之久，直到他死。

在这期间，首辅申时行承担了很多责任。皇帝不上朝，他尽力维护着朝臣与皇帝、中央与地方之间的平衡，在遵守儒家规范的基础上尽职尽责。但张居正的改革措施让大臣们对首辅集权非常反感，本事比不上张居正的申时行就成了众矢之的。

申时行辞任首辅后，明朝政府的运行彻底陷入混乱。有的大臣进了内阁三年，竟不知道万历皇帝长什么样。很多大臣上奏疏，万历皇帝既不表示反对，也不表示赞同，而是"留中"，最后，这些得不到处理的奏章上积满了灰尘。到了万历皇帝晚年，许多官员因为没有皇帝的批示得不到升迁，有的部门却因为老臣退休，严重缺人。

然而，在明朝混沌的局势之外，东北的女真族却在崛起。建州女真首领努尔哈赤率军攻打明朝，明朝四路大军迎战，其中三路全军覆没。

公元1620年，万历皇帝驾崩。虽然此时距离明朝灭亡还有二十四年，然而很多专家认为明朝之所以亡，不是因为末代皇帝崇祯，而是亡在万历皇帝。

● 历史加油站

太监冯保

冯保是明朝有名的太监政治家。虽然是太监，但是他却对明朝的政治有着极大的影响，有"内相"之称。隆庆帝驾崩时，冯保被任命为顾命大臣。冯保有着较好的文化素养，掌权后积极支持张居正推行"一条鞭法"，进行大刀阔斧的改革，使大明王朝一度出现复苏的局面。冯保和张居正主持政务的十年在历史上被称为"万历中兴"。

18 一代权阉魏忠贤

万历皇帝去世后，等待了二十年才即位的太子朱常洛终于成了大明王朝的第十四位皇帝，是为明光宗。但仅仅在位二十九天，明光宗朱常洛便驾崩了。

接着，朱常洛的儿子朱由校做了新皇帝，即明熹宗，年号天启，所以又可以叫他"天启帝"。天启帝朱由校又是一位不爱理政的皇帝，非常宠信太监魏忠贤。

这个魏忠贤可是明朝乃至中国历史上赫赫有名的太监。他从小就是个无赖，经常跟别人打架，后来自宫做了宦官。当时他的名字叫李进忠，为了巴结一个叫魏朝的宦官，所以也改姓魏。后来，魏忠贤得到朱由校的乳母客氏的重视，变得权力遮天。别小瞧魏忠贤与客氏的关系，他俩一个内，一个外，竟也主宰了七年明朝的江山。

为什么一个宫女和一个太监便能只手遮天？因为天启帝朱由校不爱管事儿。这位天启帝对治国不感兴趣，倒是很喜欢木匠活儿。天启帝是个顶级木匠，擅长做手工和做各种模型。他让魏忠贤做了司礼监秉笔太监，朝廷政务全权交给魏忠贤代理。虽然是秉笔太监，但魏忠贤压根不识字，不识字怎么"秉笔"呢？魏忠贤自有办法，他让司礼监掌印太监王体乾帮忙。

按道理讲，掌印太监比秉笔太监地位高，但因为魏忠贤是皇帝跟前的红人，所以王体乾也甘于在魏忠贤手下做事，成了魏忠贤非常重要的笔杆子。

别看魏忠贤不识字，记性却特别好。谁对他好，他就提拔谁，将之变成自己人；谁对他不好，他就极力打击，将之归为"东林党"。

东林党是晚明非常大的政治势力。吏部员外郎顾宪成在东林书院讲学，士大夫归附于他，这就有了东林党。魏忠贤做了秉笔太监后，在东林党眼中，依附魏忠贤的人就成了"阉党"。

一个没有什么文化的太监处理朝政必然是有问题的，东林党人开始攻击魏忠贤。但天启帝护着魏忠贤，所以最后倒霉的不是魏忠贤反而是东林党，东林党人因此纷纷遭到罢免。

魏忠贤便借机在空缺的位置上提拔自己的人，无论文臣、武臣，还是宦官、宫女，都有他的人。比如文臣有"五虎"，武将有"五彪"；宦官里有三十余位重要人物，是为左右拥护。从内阁到六部，再到四方总督、巡抚，魏忠贤遍置党羽，后宫则靠着客氏把持。客氏的手段也非常狠毒，她想方设法不让朱由校的皇后生孩子，又迫害其他嫔妃，使得天启帝没有继承人。内有客氏，外掌朝政，魏忠贤一手遮天。

魏忠贤还建议皇帝培养练武的宦官，竟然也发展出上万人。魏忠贤自己掌管东厂、西厂，侄子任职锦衣卫，"厂卫"可以随意抓人，全天下没有谁可以与魏忠贤对抗，朝廷内外对魏忠贤一片歌功颂德。有人建议为魏忠贤建祠，要知道祠堂一般都是为去世的贤人建的，是对贤人的一种褒奖。给魏忠贤立"生祠"，难道是把他看成了活着的神仙？对此，魏忠贤恬不知耻，竟接受了。

于是各地兴起了一股为魏忠贤立生祠的风气。朝廷上下真是乌烟瘴气！无论王侯，还是将相，人们都称魏忠贤为"九千岁"，仅仅比皇帝的"万岁"少一千岁。

但是，九千岁是不可能长久的。天启七年（公元1627年），明熹宗朱由校驾崩，因为没有儿子继承皇位，只好让同父异母的弟弟朱由检当皇帝，也就是崇祯帝。崇祯帝看不惯魏忠贤的嚣张气焰，虽然刚即位时不敢把魏忠贤怎么样，但渐渐地便开始削掉魏忠贤的左右，一步步把这位权倾一时的大太监逼得上吊自杀。

魏忠贤死了，但大明朝堂因为清理阉党而空出大批职位，大明将何去何从？

明魏忠贤的生祠地亩碑

彩绘木雕狮吼观音像
现藏美国大都会艺术博物馆

历史加油站

万岁的来历

"万岁"本意是永远存在的意思，逐渐演变为臣下对君主的祝贺之词。大概从汉代开始，臣下就开始称皇帝为"万岁"，刘邦、汉武帝都被称万岁。到了宋朝，"万岁"开始专指皇帝。明清臣子经常把皇帝称为"万岁爷"，除了皇帝谁也不敢将自己跟"万岁"联系起来。大太监魏忠贤尽管权倾朝野，也只敢称"九千岁"，不过这也很不得了了，暗示他的地位仅次于皇帝。

19 明末农民起义

崇祯帝即位的第二年，李自成在陕北起义。其实早在天启七年，陕北这个地方就已经有了王二起义，等到了李自成起义的时候，起义的趋势已经是风起云涌，不可阻挡。为什么陕北成了起义中心，先后出了王二、高迎祥、李自成、张献忠等起义首领？这是因为明朝对陕西的盘剥格外严重，加上明末陕西旱灾，人民无法生活，只有铤而走险选择起义这条路。

李自成是陕北米脂人，他出生在米脂县李继迁寨。李自成本来在银川的驿站做驿卒，恰逢崇祯帝要对驿站进行改革，李自成因丢失公文被开除了。

李自成先是欠了债，后又杀了人，走投无路之下便投了军，去甘州参将王国手下当士兵。他所在的部队被调到北京防守，路途中，王国不给士兵发饷，李自成发动了起义。李自成的队伍转战汉中、陕北等地。朝廷派洪承畴做陕西三边总督，起义军遭到了镇压，李自成率余部东渡黄河，去山西投靠舅父高迎祥。

高迎祥当时叫"闯王"，李自成跟着他又转战河南。后来另一个很有名的起义军领袖张献忠也到了河南。明朝派出曹文昭、左良玉来包围镇压。洪承畴任五省总督后也来围剿农民军，农民军只好退到河南洛阳一带。

公元1635年，在河南荥阳，十三家七十二营起义军聚在一起召开了"荥阳大会"，高迎祥、张献忠、李自成、罗汝才等各抒己见，一起想办法对付朝廷军队。李自

成提出"分兵定向，四路攻战"的方针，会后李自成与高迎祥、张献忠南下攻取了明朝中都凤阳，掘了皇室的祖坟，焚毁了朱元璋出家的皇觉寺。

这一举动让远在北京的崇祯帝十分震惊，他闻听消息后大哭不已。这下彻底惹恼了明王朝，崇祯帝派出新任五省总督卢象升镇压农民军，高迎祥在陕西黑水峪遭到伏击被杀。李自成被推为新的"闯王"，张献忠与之分道扬镳，独自率领一支队伍出走四川。至此，农民起义陷入低潮，李自成虽称闯王，但遭遇洪承畴、孙传庭的埋伏被击溃，躲到了陕南的商洛山中，而张献忠则兵败投降了明朝。

农民起义暂时平缓，边患问题又严峻起来。东北的满人不时入关侵袭，卢象升在河北战死，朝廷不得不把洪承畴、孙传庭调往辽东防范。李自成在山中得到了喘息，而张献忠则在等待机会东山再起。

公元1639年，张献忠再次起义，李自成也从商洛山杀出，这次再没有人能阻止他们了。李自成攻占了洛阳，又进入潼关，占领了西安，并在西安称帝，建国号为"大顺"。张献忠则攻入了四川，建立了"大西"政权。

李自成决定从西安出发攻打京师，一路上披荆斩棘，来到北京城外。李自成以大炮轰城，守城太监打开城门，农民军蜂拥而入，来到复兴门一带。崇祯帝惊慌失措，李自成派投降太监与崇祯帝谈判，双方就停战的条件无法达成一致，最后谈判破裂，李自成只好继续攻城。

然而，"堡垒都是从内部攻克"的。在投降的大臣和太监的带领下，李自成自然兵不血刃地进入了皇宫。面对朝堂溃散的景象，崇祯帝心如死灰，在景山自缢而死。公元1644年，明朝灭亡。

掐丝珐琅缠枝莲纹炉
现藏美国大都会艺术博物馆

历史加油站

均田免粮

李自成的起义军为什么发展得特别快？除了军事上的节节胜利，还跟他提出的口号有关，这就是"均田免粮"。李自成把被地主兼并了的土地还给农民，让农民尽快恢复生产，相当于直接平均分配了土地。他又对官僚地主按照官职高低确定助饷数额，相当于向地主收税，以此来保证起义军的开支，而不向农民要粮要赋税。由于政策深得人心，底层百姓非常支持李自成，当时在民间传唱着："杀牛羊，备酒浆，开了城门迎闯王，闯王来时不纳粮。"

20 崇祯与袁崇焕

明朝之所以会灭亡，李自成、张献忠起义是很重要的原因；在东北崛起的后金政权也是明朝灭亡的重要因素；万历皇帝不上朝造成政务废弛；天启皇帝完全信任魏忠贤造成朝廷失序……积弊已久的朝局到了崇祯皇帝手里，明朝的颓势已经难以挽回了。

跟万历皇帝、天启皇帝相比，崇祯皇帝也并不是毫无作为。他一即位就清除魏忠贤的阉党势力，希望将国家拉回正轨。他勤于政事，探求治国方策。他平反冤狱，重新启用被魏忠贤罢黜的有能力的官员。但崇祯皇帝有一个最大的缺点，那就是爱猜疑臣子。崇祯皇帝猜忌大将袁崇焕，最后将他杀死，是明朝末年最惨痛的悲剧。

明末时期，王朝最大的威胁来自两个方面，一个是李自成、张献忠、高迎祥的起义，一个是来自东北的边患——满族的崛起。建州女真首领努尔哈赤，以十三副盔甲起兵，在萨尔浒一战以少胜多击败了明朝军队，是明朝不可小觑的敌人。这个政权的国号起初为"后金",后来又改成"大清",取代蒙古人成为明朝边疆最强劲的少数民族势力。明朝不得不部署重兵防守帝国的东北部,袁崇焕就是在那里成长起来的名将。

其实袁崇焕并不是武将出身,他是万历四十七年(公元1619年)的进士,起初做的是福建邵武知县,因为喜欢军事,所以但凡有老兵退伍下来,他就跟人了解学习边塞打仗这些事。后来,袁崇焕被破格提拔为兵部职方主事。当时,东北的山海关有战事,袁崇焕竟然自己一个人骑着马出关查阅地形,可见他多有勇气!

萨尔浒之战,努尔哈赤的威望达到极点,明朝这边则士气低落,如何阻挡努尔哈赤的军事进攻成为摆在明朝君臣面前的一个难题。对此,袁崇焕提出了自己的解决方案。他认为应该守住宁远城,至于靠什么守,他认为可以采用西洋巨炮。

宁远城在关外,守住谈何容易,很多明朝大臣都不看好,但是袁崇焕却在积极谋划。于是,一场后金与明朝之间的攻防战开始了。努尔哈赤的八万八旗军气势汹汹来到宁远城,守城的明军却不到两万人。但袁崇焕沉着应战。

努尔哈赤的军队远道而来,没有携带足够的攻城武器,但袁崇焕却准备了红衣大炮,擅长野战的后金军对此毫无防备。如果论单人的作战力,明军绝对不是后金军的对手。但是后金军使用的是冷兵器,明军却是热兵器,冷兵器根本不是热兵器的对手。

　　红衣大炮把后金军轰得人仰马翻，据传努尔哈赤被大炮轰炸成重伤，后金军只得撤退。努尔哈赤到底有没有被炮弹击中，我们不能确认，但是这一战确实打退了后金军的进攻，而努尔哈赤在七个月以后也死了。

继承努尔哈赤汗位的是皇太极，他起初对袁崇焕也是不服，但几战下来，完全占不到便宜。皇太极认识到只要有袁崇焕在，后金军就不可能突破山海关。所以他决定采用离间计，利用俘获的两个明朝宦官传假情报，说袁崇焕与后金勾结、里应外合，企图颠覆明朝。

当两个宦官把这个消息传给崇祯帝时，崇祯帝震怒。于是，明朝历史上最大的冤案就这样发生了。袁崇焕遭到逮捕，最终被凌迟处死，千刀万剐，惨不忍睹。皇太极的离间计之所以能够成功，主要是利用崇祯帝的多疑心理。

崇祯帝因为他的多疑付出了巨大的代价。袁崇焕被杀后，帝国的东北方一时间很难抵挡后金的进攻，明朝面临着内忧外患的局面。

历史加油站

南明的坚持

崇祯帝景山自缢后，大明王朝似乎被李自成灭亡了。然而，明朝实行两京制度，南中国半壁江山完好无损。在遥远的南京城，福王朱由崧即位成为皇帝，年号弘光。这个政权坚持与李自成的大顺对抗。后来，清军击败了李自成，入主北京城。清军并不满足于只占据华北一带，亲王多尔衮决定南征，消灭远在南京的南明弘光政权。最终，南京城被清军攻破，弘光帝被俘获，弘光政权就此退出历史舞台。

21 明朝的文学艺术

说到明朝的文学艺术，我们自然会想到明清小说，而创作于明朝的《三国演义》《水浒传》《西游记》作为中国古典四大名著之三，更是其中的翘楚。

创作了《水浒传》的施耐庵，十九岁时中了秀才，三十六岁与刘伯温一起中了进士，他在钱塘（今浙江省杭州市）做了三年官，因为不满元朝官场黑暗，决定弃官回乡。元末战争，张士诚起兵，施耐庵参加了张士诚的队伍。后来朱元璋请他做幕僚，但施耐庵不应征。朱元璋打败张士诚后，施耐庵为避祸，带了几个人躲到江苏兴化的好友家里。这一行人中还有一个我们非常熟悉的人物——罗贯中。罗贯中此时是施耐庵的门人，施耐庵可以算是罗贯中的老师。在兴化隐居期间，施耐庵写出了名著《水浒传》。

罗贯中也曾是张士诚的幕僚，张士诚还曾在罗贯中的建议下击败了朱元璋的部下康茂才的进攻，所以罗贯中是参加过元末战争的。五十多岁的时候，罗贯中决定写《三国志通俗演义》

（即《三国演义》），在完成这部名著后，为了纪念他的老师施耐庵，罗贯中决定加工、增补施耐庵的《水浒传》。所以今天，人们会看到有些版本的《水浒传》署名是施耐庵、罗贯中两个人。

在《三国演义》里，我们时常能看到元末明初战争的影子。比如赤壁之战中诸葛亮借东风、周瑜火攻曹操的连锁大船等情节很有可能就是朱元璋与陈友谅鄱阳湖大战的翻版。我们虽然不知道罗贯中是不是在鄱阳湖大战的现场，但朱元璋借风势火攻陈友谅大船，简直和周瑜火攻曹操大船一模一样。

《三国演义》和《水浒传》都是元末明初的作品，那么到了明朝中期有什么作品呢？最有代表性的是《西游记》。这部作品据传是吴承恩所作，是在嘉靖年间完成的。今天流行的《西游记》（世德堂本）是明朝万历年间的版本。

《西游记》的文学类型叫"神魔小说"，受它影响，《封神演义》《东游记》《南游记》《续西游记》等小说也在明朝中后期卖得火热。《西游记》虽然是神魔小说，但也有现实的影子。虽然小说以唐代玄奘取经故事为背景，但当人们细读这部名著，会发现《西游记》里出现的很多国王甚至玉皇大帝都有嘉靖皇帝的影子。

嘉靖皇帝爱求雨，《西游记》便安排了车迟国求雨、凤仙郡求雨；嘉靖皇帝爱炼丹，《西游记》便安排了太上老君炼丹、救难小儿国等故事，显然作者在《西游记》中经常性地影射嘉靖皇帝。表面上看，《西游记》是部通俗小说、神魔小说，实际上却是现实的反映。

除了这三大名著，明朝还有"三言二拍"——冯梦龙创作的《喻世明言》《警世通言》和《醒世恒言》以及凌濛初创作的《初刻拍案惊奇》和《二刻拍案惊奇》。

明朝时期印刷术已经相当普及，为文学作品的刊行传播创造了良好的条件，所以明朝文学是相当发达的。戏曲在明朝也进入了发展的黄金时期，由戏曲家、文学家汤显祖创作的《牡丹亭》（又名《还魂记》），不但为中国人民所喜爱，还传播到英、日、德、俄等很多国家，被视为世界戏剧艺术的珍品。

明朝时期其他的艺术门类也蓬勃发展，比如绘画方面，出现了许多著名画家。有擅长花鸟画的徐渭，擅长人物画的陈洪绶，擅长山水画的董其昌，以及"明四家"沈周、文征明、唐寅、仇英，他们都是今天人们眼中的艺术大师，他们的作品也在艺术收藏品市场上备受追捧。

溪山渔隐图（局部） 唐寅绘
现藏台北故宫博物院

🍐 历史加油站

明朝其他方向的著作成就

　　李时珍是明朝有名的医学家，他不仅是嘉靖时代的名医，而且极好钻研，著有中医学的巨著《本草纲目》。宋应星的《天工开物》是明朝一部综合性科技巨著，被称为中国17世纪的工艺百科全书。明朝关于农学上的著作也有不少，最有代表性的是徐光启的《农政全书》。地理方面则首推《徐霞客游记》，这不是一部简单的游记，它对中国的地理、水文、地质、植物均做了详细记录，是系统考察中国地貌地质的开山之作。

全国总经销

捧读文化
触及身心的阅读

出 品 人　张进步　程　碧

责任编辑　王云弟　张紫薇
特约编辑　方黎明　张浩淼
内文排版　刘兆芹　张晓冉
内文插画　张　宇
封面设计　陈旭麟 @AllenChan_cxl